一生必读的名家小品

本书编写组◎编

本书所选篇目风格多样，有人物传记、山水游记、序文、铭文等，编者想以此来帮助青少年认识古文的绚丽多彩。

世界图书出版公司
广州·北京·上海·西安

图书在版编目（CIP）数据

一生必读的名家小品 /《一生必读的名家小品》编写组编．—广州：广东世界图书出版公司，2010.10（2024.2 重印）
ISBN 978-7-5100-2835-9

Ⅰ．①一… Ⅱ．①一… Ⅲ．①语文课-阅读教学-中小学-课外读物 Ⅳ．①G634.333

中国版本图书馆 CIP 数据核字（2010）第 196663 号

书　　名	一生必读的名家小品 YISHENG BIDU DE MINGJIA XIAOPIN
编　　者	《一生必读的名家小品》编写组
责任编辑	柯绵丽
装帧设计	三棵树设计工作组
出版发行	世界图书出版有限公司　世界图书出版广东有限公司
地　　址	广州市海珠区新港西路大江冲 25 号
邮　　编	510300
电　　话	020-84452179
网　　址	http://www.gdst.com.cn
邮　　箱	wpc_gdst@163.com
经　　销	新华书店
印　　刷	唐山富达印务有限公司
开　　本	787mm × 1092mm　1/16
印　　张	10
字　　数	120 千字
版　　次	2010 年 10 月第 1 版　2024 年 2 月第 10 次印刷
国际书号	ISBN　978-7-5100-2835-9
定　　价	48.00 元

前言

小品是指那些抒写自由、篇幅简短的杂记随笔文字。它形式活泼、内容多样，具有议论、抒情、叙事的多重功能。

精彩的小品，可以使我们领悟到许多生活的真谛，为我们的生活点燃激情，更可以使青少年在轻松学习知识、提高阅读效率的同时，获得更多的审美享受、想象空间和人文熏陶。

本书从浩如烟海的中外文海中精心挑选了一些经典美文。文章或以情动人，或以理服人，或纯粹唯美，或质朴平实，或慷慨激昂，或侃侃而谈，不仅文字优美，文笔流畅，而且思想精湛，见识深邃，闪烁着智慧的灵光。

一滴清水，可以折射太阳的夺目光辉；一本好书，可以滋养无数的美丽心灵。细细品味，点燃智慧的澄净心灯；慢慢诵读，开启人生的芬芳之旅……

编者

目　录

人生如诗

〔中〕林语堂

我以为，从生物学角度看，人的一生恰如诗歌。人生自有其韵律和节奏，自有内在的成长与衰亡。人生始于无邪的童年，经过少年的青涩，带着激情与无知、理想与雄心，笨拙而努力地走向成熟。后来人到壮年，经历渐广，阅人渐多，涉世渐深，收益也渐大。及至中年，人生的紧张得以舒缓，人的性格日渐成熟，如芳馥之果实，如醇美之佳酿，更具容忍之心。此时处世虽不似先前那么乐观，但对人生的态度趋于和善。再后来就是人生迟暮，内分泌系统活动减少。若此时吾辈已经悟得老年真谛，并据此安排残年，那生活将和谐、宁静、安详而知足。终于，生命之烛摇曳而终熄灭，人开始永恒的长眠，不再醒来。

人们当学会感受生命韵律之美，像听交响乐一样，欣赏其主旋律、激昂的高潮和舒缓的尾声。这些反复的乐章对于我们的生命都大同小异，但个人的乐曲却要自己去谱写。在某些人心中，不和谐音会越来越刺耳，最终竟然能掩盖主曲；有时不和谐音会积蓄巨大的能量，令乐曲不能继续，这时人们或举枪自杀或投河自尽。这是他最初的主题被无望地遮蔽，只因他缺少自我教育。否则，常人将以体面的运动和进程走向既定的终点。在我们多数人胸中常常会有太多的断奏或强音，那是因为节奏错了，生命的乐曲因此而不再悦耳。

我们应该如恒河，学她气势恢宏而豪迈地缓缓流向大海。

人生有童年、少年和老年，谁也不能否认这是一种美好的安排。一天要有清晨、正午和日落，一年要有四季之分，如此才好。人生本无好坏之分，只是各个季节有各自的好处。如若我们持此种生物学的观点，并循着季节去生活，除了狂妄自大的傻瓜和无可救药的理想主义者，谁能说人生不能像诗一般度过呢？莎翁在他的一段话中形象地阐述了人生分七个阶段的观点，很多中国作家也说过类似的话。奇怪的是，莎士比亚并不是虔诚的宗教徒，也不怎么关心宗教。我想这正是他的伟大之处，他对人生秉着顺其自然的态度，他对生活之事的干涉和改动很少，正如他对戏剧人物那样。莎翁就像自然一样，这是我们能给作家或思想家的最高褒奖。对人生，他只是一路经历着、观察着，离我们远去了。

天 窗

〔中〕茅 盾

乡下的房子只有前面一排木板窗。暖和的晴天，木板窗扇扇开直，光线和空气都有了。

碰着大风大雨，或者北风呼呼地叫的冬天，木板窗只好关起来，屋子里就黑的地洞里似的。

于是乡下人在屋面开一个小方洞，装一块玻璃，叫做天窗。

夏天阵雨来了时，孩子们顶喜欢在雨里跑跳，仰着脸看闪电，然而大人们偏就不许，“到屋里来呀!”孩子们跟着木板窗的关闭也就被关在地洞似的屋里了；这时候，小小的天窗是唯一的慰藉。

从那小小的玻璃，你会看见雨脚在扑落扑落跳，你会看见带子似的闪电一瞥；你想象到这雨，这风，这雷，这电，怎样猛厉地扫荡了这世界，你想像它们的威力比你在露天真实感到的要大这么十倍百倍。小小的天窗会使你的想象锐利起来!

晚上，当你被逼着上床去“休息”的时候，也许你还忘不了月光下的草地河滩，你偷偷地从帐子里伸出头来，你仰起了脸，这时候，小小的天窗又是你唯一的慰藉!

你会从那小玻璃上面的一粒星，一朵云，想象到无数闪闪烁烁可爱的星，无数像山似的，马似的，巨人似的奇幻的云彩；你会从那小玻璃上面掠过的一条黑影想象到这也许是灰色的蝙蝠，也许是会唱歌的夜莺，也许是恶霸似的猫头鹰——总之，美丽的神奇的夜的世界的一切，立刻会在你的想象中展开。

啊唷唷!这小小一方的空白是神奇的!它会使你看见了若不是有了它你就想不起来的宇宙的秘密；它会使你想到了若不是有了它你就永远不会联想到的种种事件!

发明这“天窗”的大人们，是应得感谢的。因为活泼会想的孩子们会知道怎样从“无”中看出“有”，从“虚”中看出“实”，比其他看到的更真切，更阔达，更复杂，更确实！

怎样活着

〔古希腊〕德谟克利特

卑劣地、愚蠢地、放纵地、邪恶地活着，与其说是活得不好，不如说是慢性死亡。

追求对灵魂好的东西，是追求神圣的东西；追求对肉体好的东西，是追求凡俗的东西。

应该做好人，或者向好人学习。

使人幸福的并不是体力和金钱，而是正直和公允。

在患难时忠于义务，是伟大的。

害人的人比受害的人更不幸。

做了可耻的事情而能追悔，就挽救了生命。

不学习是得不到任何技艺、任何学问的。

蠢人活着却尝不到人生的愉快。

蠢人是一辈子都不能使任何人满意的。

医学治好身体的毛病，哲学解除灵魂的烦恼。

智慧生出三种果实：善于思想，善于说话，善于行动。

人们在祈祷中恳求神赐给他们健康，却不知道自己正是健康的主宰。他们的无节制地伤害着健康，他们放纵情欲，自己背叛了自己的健康。

通过对享乐的节制和对生活的协调，才能得到灵魂的安宁。缺乏和过度惯于变换位置，将引起灵魂的大骚动。摇摆于这两个极端之间的灵魂是不安宁的。因此应当把心思放在能够办到的事情上，满足于自己可以支配的东西。不要光是看着那些被嫉妒、被羡慕的人，思想上跟着那些人跑。倒是应该将眼光放到生活贫困的人身上，想想他们的痛苦，这样，就会感到自己的现状很不错、很值得羡慕了，就不会老是贪心不足，给自己的灵魂造成苦恼。因为一个人如果羡慕财主，就会不由自主地不断搞出些新花样。由于贪得无厌，终于做出无可挽救的犯法行为。因此，不应该贪图那些不属于自己的东西，而应该满足于自己所有的东西。将自己的生活与那些更不幸的人比一比，想想他们的痛苦，你就会庆幸自己的命运比他们的好多了。采取这种看法，就会生活得更安宁，就会驱除掉生活中的几个恶煞：嫉妒、眼红、不满。

渐

〔中〕丰子恺

使人生圆滑进行的微妙的要素，莫如“渐”；造物主骗人的手段，也莫如“渐”。在不知不觉之中，天真烂漫的孩子“渐渐”变成野心勃勃的青年；慷慨豪侠的青年“渐渐”变成冷酷的成人；血气旺盛的成人“渐渐”变成顽固的老头子。因为其变更是渐进的，一年一年地、一月一月地、一日一日地、一时一时地、一分一分地、一秒一秒地渐进，犹如从斜度极缓的长远的山坡上走下来，使人不察其递降的痕迹，不见其各阶段的境界，而似乎觉得常在同样的地位，恒久不变，又无时不有生的意趣与价值，于是人生就被确实肯定，而圆滑进行了。假使人生的进行不像山坡而像风琴的键板，由 do 忽然移到 re，即如昨夜的孩子今朝忽然变成青年；或者像旋律的“接离进行”地由 do 忽然跳到 mi，即由朝为青年而夕暮忽成老人，人一定要惊讶、感慨、悲伤，或痛感人生的无常，而不乐为人了。故可知人生是由“渐”维持的。这在女人恐怕尤为必要：歌剧中，舞台上的如花的少女，就是将来火炉旁边的老婆子，这句话，骤听使人不能相信，少女也不肯承认，实则现在的老婆子都是由如花的少女“渐渐”变成的。

人之能堪受境遇的变衰，也全靠这“渐”的助力。巨富的纨绔子弟因屡次破产而“渐渐”荡尽其家产，变为贫者；贫者只得做佣工，佣工往往变为奴隶，奴隶容易变为无赖，无赖与乞丐相去甚近，乞丐不妨做偷儿……这样的例，在小说中，在实际上，均多得很。因为其变衰是延长为十年二十年而一步一步地“渐渐”地达到的，在本人不感到什么强烈的刺激。故虽到了饥寒病苦刑笞交迫的地步，仍是熙熙然贪恋着目前的生的欢喜。假如一位千金之子忽然变成了乞丐或偷儿，这人一定愤不欲生了。

这真是大自然的神秘的原则，造物主的微妙的工夫！阴阳潜移，春秋代序，以及物类的衰荣生死，无不暗合于这法则。由萌芽的春“渐渐”变成绿阴的夏，由凋零的秋“渐渐”变成枯寂的冬。我们虽已经历数十寒暑，但在围炉拥衾的冬夜仍是难于想象饮冰挥扇的夏日的心情，反之亦然。然而由冬一天一天地、一时一时地、一分一分地、一秒一秒地移向夏，由夏一天一天地、一时一时地、一分一分地、一秒一秒地移向冬，其间实在没有显著的痕迹可寻。昼夜也是如此：傍晚坐在窗下看书，书页上“渐渐”地黑起来，倘不断地看下去（目力能因了光的渐弱而渐渐加强），几乎永远可以认识书页上的字迹，即不觉昼之已变为夜。黎明凭窗，不瞬目地注视东天，也不辨自夜向昼的推移的痕迹。儿女渐渐长大起来，在朝夕相见的父母全不觉得，难得见面的远亲就相见不相识了。往年除夕，我们曾在红蜡烛底下守候水仙花的开放，真是痴态！倘水仙花果真当面开放给我们看，便是大自然的原则的破坏，宇宙的根本的摇动，世界人类的末日临到了！

“渐”的作用，就是用每步相差极微极缓的方法来隐蔽时间的过去与事物的变迁的痕迹，使人误认其为恒久不变。这真是造物主骗人的一大诡计！这是一件比喻的故事：某农夫每天早晨抱了犊而跳过一沟，到田里去工作，夕暮又抱了它跳过沟回家。每日如此，未曾间断。过了一年，犊已渐大，渐重，差不多变成大牛，但农夫全不觉得，仍是抱了它跳沟。有一天他因事停止工作，次日就不能抱了这牛而跳沟了。造物的骗人，使人流连于某每日每时的生的欢喜而不觉其变迁与辛苦，就是用这个方法的。人们每日在抱了日重一日的牛而跳沟，不准停止。自己误以为是不变的，其实每日在增加其苦劳！

我觉得时辰钟是人生的最好象征了。时辰钟的针，平常一看总觉得是“不动”的，其实人造物中最常动的无过于时辰钟的针了。

日常生活中的人生也如此，时刻觉得我是我，似乎这“我”永远不变，实则与时辰钟的针一样的无常！一息尚存，总觉得我仍是我，我没有变，还是流连着我的生，可怜受尽“渐”的欺骗！

“渐”的本质是“时间”。时间我觉得比空间更为不可思议，犹之时间艺术的音乐比空间艺术的绘画更为神秘。因为空间姑且不追究它如何广大或无限，我们总可以把握其一端，认定某一点。时间则全然无从把握，不可挽留，只有过去与未来在渺茫中不绝地相追而已。性质上既已渺茫不可思议，分量上在人生也似乎太多。

因为一般人对于时间的悟性，似乎只够支配搭船乘车的短时间；对于百年的长期间的寿命，他们不能胜任，往往迷于局部而不能顾及全体。试看乘火车的旅客中，常有明达的人，有的宁牺牲暂时的安乐而让其座位于老弱者，以求心的太平或博暂时的美誉；有的见众人争先下车，而退在后面，或高呼“勿要轧，总有得下去的!”“大家都要下去的!”然而在乘“社会”或“世界”的大火车的“人生”的长期的旅客中，就少有这样的明达之人。所以我觉得百年的寿命，定得太长。像现在的世界上的人，倘定他们搭船乘车的期间的寿命，也许在人类社会上可减少许多凶险残惨的争斗，而与火车中一样的谦让，和平，也未可知。

然人类中也有几个能胜任百年的或千古的寿命的人，那是“大人格”，“大人生”。他们能不为“渐”所迷，不为造物所欺，而收缩无限的时间并空间于方寸的心中。故佛家能纳须弥于芥子。中国古诗人（白居易）说：“蜗牛角上争何事？石火光中寄此身。”英国诗人（Blake）也说：“一粒沙里见世界，一朵花里见天国；手掌里盛住无限，一刹那便是永劫。”

新生活

〔中〕胡　适

哪样的生活可以叫做新生活呢？

我想来想去，只有一句话。新生活就是有意思的生活。

你听了，必定要问我，有意思的生活又是什么样子的生活呢？

我且先说一两件实在的事情做个样子，你就明白我的意思了。

前天你没有事做，闲的不耐烦了，你跑到街上的一个酒店里，打了四两白干，喝完了，又要四两，再添上四两。喝得大醉了，同张大哥吵了一回嘴，几乎打起架来。后来李四哥来把你拉开，你气忿忿地又要了四两白干，喝的人事不知，幸亏李四哥把你扶回去睡了。昨儿早上，你酒醒了，大嫂子把前天的事告诉你，你懊悔的很，自己埋怨自己：“昨儿为什么要喝那么多酒呢？可不是糊涂吗？”

你赶上张大哥家去，作了许多揖，赔了许多不是，自己怪自己糊涂，请张大哥大量包涵。正说时，李四哥也来了，王三哥也来了。他们三缺一，要你陪他们打牌。你坐下来，打了十二圈牌，输了一百多吊钱。你回得家来，大嫂子怪你不该赌博，你又懊悔的很，自己怪自己道：“是呵，我为什么要陪他们打牌呢？可不是糊涂吗？”

诸位，像这样子的生活，叫做糊涂生活，糊涂生活便是没有意思的生活。你做完了这种生活，回头一想，“我为什么要这样干呢？”你自己也回答不出究竟为什么。

诸位，凡是自己说不出“为什么这样做”的事，都是没有意思的生活。

反过来说，凡是自己说得出“为什么这样做”的事，都可以说是有意思的生活。

生活的“为什么”，就是生活的意思。

人同畜生的分别，就在这个“为什么”上。你到万牲园里去看那白熊一天到晚摆来摆去不肯歇，那就是没有意思的生活。我们做了人，应该不要学那些畜生的生活。畜生的生活只是糊涂，只是胡混，只是不晓得自己为什么如此做。一个人做的事应该件件回答得出一个“为什么”。

我为什么要干这个？为什么不干那个？回得出，方才可算是一个人的生活。

我们希望中国人都能做这种有意思的新生活。其实这种新生活并不十分难，只消时时刻刻问自己为什么这样做，为什么不那样做，就可以渐渐的做到我们所说的新生活了。

诸位，千万不要说“为什么”这三个字是很容易的小事。你打今天起，每做一件事，便问一个为什么——为什么不把辫子剪了？为什么不把大姑娘的小脚放了？为什么大嫂子脸上搽那么多的脂粉？为什么出棺材要用那么多叫花子？为什么娶媳妇也要用那么多叫花子？为什么骂人要骂他的爹妈？为什么这个？为什么那个？你试办一两天，你就会觉得这三个字的趣味真是无穷无尽，这三个字的功用也无穷无尽。

诸位，我们恭恭敬敬地请你们来试试这种新生活。

真实的高贵

［美］欧内斯特·海明威

风平浪静的大海上，每个人都是领航员。

但是只有阳光而无阴影，只有欢乐而无痛苦，那就不是人生。以最幸福的人的生活为例：它是一团纠缠在一起的麻线，丧亲的痛和幸福的祝愿彼此相接。在悲哀和伤心的阴影之下，人们真实的自我最接近。

在人生或者职业的各种事务中，性格的作用远比智力大得多，头脑的作用不如心情，天资不如由判断力所节制着的自制、耐心和规律。

我始终相信，在内心生活得更严肃的人，也会在外表上生活得更朴素。在一个奢华浪费的年代，我希望能向世界证明人类真正需要的东西非常之微小。悔恨自己的错误，而且力求不再重蹈覆辙，这才是真正的悔悟。优于别人并不高贵，真正的高贵应该是优于过去的自己。

记住我

〔美〕罗伯特·泰斯特

这天终将来临——在一所出生和死亡接踵而来的医院内，我的身躯躺在一块洁白的床单上，床单的四角整齐地塞在床垫里。在某一时刻，医生将确诊我的大脑已经停止思维，我的生命实际上已经到此结束。

当这一时刻来临时，请不必在我身上安置起搏器，人为地延长我的生命。请不要把这床叫做临终之床，把它称为生命之床吧。

请把我的躯体从这张生命之床上拿走，去帮助他人过上更加美好的生活。把我的双眼献给一位从未见过一次日出，从未见过一张婴儿的小脸蛋或者从未见过一眼女人眼中流露出的爱情的人；把我的心脏献给一位心肌失能、心痛终日的人；把我的鲜血献给一位在车祸中幸免死亡的少年，使他也许能看到自己的子孙尽情嬉戏；把我的肾脏献给一位依靠人造肾脏周复一周生存艰难的人。拿走我身上每一根骨头，每一束肌肉，每一丝纤维，把这些统统拿尽，丝毫不剩，想方设法能使跛脚小孩重新行走自如。

探究我大脑的每一个角落。如有必要，取出我的细胞，让它们生长，以便有朝一日一个哑儿能在棒球场上欢呼，一位聋女能听到雨滴敲打窗子的声音。

将我身上的其余一切燃成灰烬。将这些灰烬迎风散去，化为肥料，滋润百花。

如果你一定要埋葬一些东西，就请埋葬我的缺点、我的胆怯和我对待同伴们的所有偏见吧。

把我的罪恶送给魔鬼，把我的灵魂交付上帝。

如果你想记住我，那么就请你用善良的言行去帮助那些需要得到帮助的人们吧！假如你的所作所为无负我心，我将与世长存。

择 业

〔法〕安德烈·莫洛亚

一个人的精力和才智是极其有限的。面面俱到者，终将一事无成。我十分了解那些见异思迁的人，他们一会儿觉得："我能成为一名伟大的音乐家。"一会儿又认为："办企业对我来说易如反掌。"一会儿又说："我若涉足政界，准能一举成功。"请相信，这类人终将只是业余的音乐爱好者、破产的工厂主和失败的政客。拿破仑曾说："战争的艺术就是在某一点上集中最大优势兵力。"生活的艺术则是选择一个进攻的突破点，全力以赴地进行冲击。

职业的选择不能听任自然，初出茅庐者都应该扪心自问："我干什么合适，我具备什么能力？"如果力所不及，强求也是徒劳。如果你有个大胆又果敢的儿子，与其让他去坐办公室，倒不如让他去当飞行员。而选择一旦作出，除非发生错误或严重意外，你万万不可反悔。

在已确定的职业范围内，仍有必要作进一步的选择。哪一位作家也不可能各种小说全写；哪一位官员也不可能改革一切；哪一位旅行家也不可能走遍天涯海角。你还得绝对顺从天意，摆脱权力欲。

给你一点必要的选择时间，但是有限。军人在充分考虑了一道命令的后果之后，他们习惯于在讨论中一言定夺："执行！"请以同样的方式，结束你的自我讨论吧。"明年我干什么？准备这门考试？还是那门？是去国外深造？还是进这家工厂？"对这些问题，反复考虑是自然的，但是为自己限定一定的时间也是必要的。时间一过，就应当作出决定。"执行"的决定既已作出，后悔是没用的，因为，世上的事情总是在千变万化。

为了保证忠实地执行自己作出的决定，经常制定既能体现长远规划，又能显示近期目标的工作计划是有益的。几个月之后，几年之后，再回头看看当初的计划，我们会对自己的能力和素质产生信心。但是，在计划内众多的项目中，分清轻重缓急十分必要。在这方面，应该倾注全部的心血，全心全意做你该做的事。让你的思想和行动都朝着一个目标努力。当你达到目的的时候，你就可以回顾一下以往的足迹，察看一番走过的弯路，只要事业未就，必须勇往直前。

对什么都感兴趣的人是讨人喜欢的。但是做事业，你只能在一定的时间内，专心致志于一个目标。美国人讲："一心一意。"虽然你常常会被一些纠缠不清、难以下手的问题搅得心烦意乱，但是经过不懈的努力，最终一定会排除障碍。

笑容背后

〔美〕克莱贝尔

不久前，本地报纸的体育版刊载了一段评论，是由正在加州大学任职篮球教练的欧文所写，内容叙述他所带领的球队和内华达大学队比赛时，他们所经历的一次惨败经验。他回忆说："球赛一开始我们就输得很惨。"接下来，他细致地叙述了那次失败的经过，的确，他的球队一败涂地。你曾有过很惨的一天吗？或一个星期？或一年？如果有，你应该会产生心有戚戚焉的共鸣。其实，危机、失败正是每个人生命历程必经的一部分，迟早总需面对，正如《圣经》作者在《约伯记》中所记载的一样，"人生在世必遇患难，如同火星飞腾"。

遭遇到危机和失败时，我们到底能从中体会多少，从而成就全人类的幸福呢？在英文 Crisis 这个字的中文意思中蕴藏着精义，这两个中文字一个是"危"，意思是危险，另一个是"机"，意思是机会，这两个字的精义正是本文所要阐述的主题：在危机和失败中大部分人都消极地只看到危险，因而经常错失良机！其实越是遭遇危机、失败，我们越是应该转移痛苦的情绪，利用机会，创造幸福。虽然不易做到，但是为了追求幸福，我们还是必须努力学习这种态度。

唯有学习坦然面对失败和痛苦才能拥有真正的幸福，让生命中无可避免的困境、失败、障碍、疾病与痛苦都转变成创造成功、奇迹与完美的力量。

小时候一位牧师的至理名言，让我至今难忘，他说："仔细观察周围，你会发现你身边的每个人都背负着十字架，备尝痛苦。”我们经常会忽略这个事实，只看到别人脸上的笑容，羡慕别人的幸福，殊不知笑容和幸福的背后是要付出代价的。

童年的每个夏天，我几乎都会住在南伊利诺伊州祖父的农庄里。记忆中，每到春天，他们就会用马车在大草原上来回犁出一道道深深的犁沟，春天清新的泥土味阵阵扑鼻，播种之后，收成的日子也指日可待了。

其实人生中的危机和痛苦不正是这种景象吗？痛苦在我们灵魂上深深地划下伤痕，逆境更不断动摇我们的信心。但是，新生命的种子却也受到滋养而日益茁壮，痛苦的犁痕越深，生命的历练也就越丰富。幸运的是，经过痛苦，流过泪之后，人与人之间的关怀和爱更是我们新生的力量。

路

〔日〕东山魁夷

古老装饰着墙板的房屋。城门钟楼的尖塔上是鹳鸟的巢。广场上是泉水。马车通过暮霭沉沉的石板路。马蹄下火花迸射。这是拜恩州的古城。

从品川车站穿过灯火管制的黑暗街道，到区公所领取应征通知书，走在雨后的道路上。

拖着母亲的灵车走在荆泽的道路上。风猛烈地吹着，初雪闪亮的富士山，浮现在澄碧的天空。

道路的回忆是无尽的。此后还要经历怎样的道路呢？舒伯特的歌曲集《冬日旅程》是根据缪勒的诗创作的，全篇描写了一个旅人在冬日的道路上踽踽独行的身影，咏唱着人生的寂寥。那首有名的《菩提树》则是一首乡愁之歌，通过一系列诗句，表现游子在冬天的旅行中，回忆起城门泉边菩提树叶子下面那令人销魂的场所。另一首《风向标》描述了徘徊旷野的旅人见到路标，知道自己是走上了一条难以生还的道路。旅人来到“旅馆”，这是坟墓，“旅馆”的标记是送葬的蓝色花朵。他想在冰冷的卧床上休息一下疲惫的身体，然而遭到了旅馆老板的拒绝：“走，或者永远留下。”于是继续徘徊。这是一条令人绝望的冬日之路。此后，我艰难地踏上了缀满朝霞的初夏草原的道路。

那年秋天，我把《路》送到第六届“日展”上展出。纵长的画面，中央是一条灰黄的路，左右的田野和山丘一片青绿，天空狭长，呈现蓝色。我考虑这三种颜色在分量上的比重。作为展品，这是幅很小的画面，如果再放大开来，画面就会失掉紧凑感。我想使这幅画的画面得以充实，对这幅画来说还是必要的。

经过孜孜不倦努力的圆满而细致的制作，终于完成了。

这年我首次成为“日展”的审查员。这幅《路》的展出，受到众多的好评，获得了画坛和社会的承认。

人生的旅途中有许多歧路，比起自身的意志来，我受到了更大外力的左右，这种情况至今未曾改变，正因为我心中孕育着这种意志，要走过这条路，所以我才完成了这样的作品。不是吗？可以说它在我心中的地位、它的方向是早已定了型的。然而，这条路既不是被光芒炽烈的太阳映照的路，也不是被阴惨的暗影包裹的路，这是一条在熹微的晨光里默默地呼吸着的永生之路。

至 乐

〔英〕斯蒂文森

遇上天气晴和的暮色，无论闲倚旅店门前看看绮照落日，还是独立桥边观观水草游鱼，都是人生一种难得的享受。只有这时，所谓赏心乐事这个词的充分意义你才能真正领会。这时你的筋骨肌肉是那么舒适轻松，浑身上下是那么爽洁健康，那么悠然自得，所以不论你坐立止息，都无所不宜，也不论你做什么，你都会做得踌躇满志，乐比帝王。

你会毫不拘束地跟任何人攀谈，不问贤愚，不分醉醒。那情形真仿佛这一番激烈跋涉早已将你身上的种种褊狭自尊都洗涤一空，剩下的唯有一颗好奇的心，它兴致勃勃、自由自在，正像你在儿童或科学家身上所见到的那样。你会将你个人的癖嗜完全抛到一边，而一心只注意发生在你面前的各种趣事，这些时而滑稽，好似一出闹剧；时而又庄肃，好似一篇古老的传奇故事。

或者夜深人静，你独自一人；或者风雨晦冥，你被困在炉边。这时不应忘记，彭斯在追忆他往日的欢乐时，就会将进行过“愉快思想”的时刻，列为其中之一。这个短语对一个四面八方被钟表困得死死，甚至连在夜间也要被那带夜光的钟表闹得不安的现代人来说，不解其意倒也不足为奇。

我们今天实在是人人忙得过度，我们手中有那么多辽阔的计划正待实现，有那么多空中楼阁需要在沙上建立起来，以便使之成为适合人居住的巍峨建筑，因此我们确实找不出时间到那思想之国或虚荣之山去作一次神游。当我们真不得不在炉边一坐半夜，终宵无事时，那可真是环境大变。而当我们除了能将这种时光过得惬意，并无不适之外，甚至能“愉快思想”，那对我们大家来说更将是世界大变。

我们总是这样一刻不休地忙于办事，忙于写作，忙于筹集器械装备，忙于使我们自己的声音在那永劫的饱含讥讪的空寂之中响一两声。结果我们往往忘记了一件更为重要的事——忘记了生活本身。而比起这个，上述种种都不过是皮相而已。我们或溺于酒色，或流于享乐。海角天涯，到处奔波，仿佛一只只丧家之犬。但现在你却应当好好问问自己，在这一切烦扰之后，你是否觉得，假如你原来就能安守炉边“愉快思想”，岂不比你目前的情形要强许多？

一个人如果能经常安下心来，静思一番——即使忆起美色，也能爱而不淫；见到功名，也能羡而不妒。时时处处都能以一副体谅同情的襟怀面对，而同时又能乐于所遇、安于现状——如果能做到这点，那岂不是真的参透德行睿智，永臻于幸福之境吗？比如沿街游行，那深得其乐的人往往并非是威仪赫赫、持旗前导的人，却是那闲倚虚幌、隔窗一眺的人。

爱不必羞于启齿

〔中〕廖玉蕙

女儿常常对我灌迷汤，我文章写好了，念给她听，她总是再三赞叹：“妈，你写得真好！你真的好棒啊！”

偶尔买了新衣，在镜子前顾影自怜，女儿总是在一旁全程参与，并不厌其烦地给我打气：“这件衣服好看，以后你不穿了，不要送别人，就送给我好吗？”

我的抽屉里，也放满了女儿给我的各式各样的卡片：

“我真骄傲有个好妈妈。”

“今天虽然不是什么节日，可在我心中，每天都是母亲节。虽然只是一张小小的卡片，却代表我无限的谢意。”

“……”

家里留言的白板上，不时地会出现一些道谢或道歉的话，甚至一些示爱的文字：

“亲爱的爸爸妈妈：你们辛苦了！我爱你们！女儿敬上。”

刹那间，这些爱言慰语使我疲累全消，觉得人生并非全无意义。

那年，父亲过世后，母亲心情抑郁，寡言少语。为了解除她的寂寞，我们接她北上和我们同住。在那一段时日里，她总是抢着帮我做饭，我当时除教书外，还得去上博士班的课程，有了母亲帮忙，的确让我少操了不少的心。

一日，我在中正理工学院教完早上四节的课，又赶着下午两点去东吴当学生。驱车回家途中，我想到有母亲的日子，实在太幸福了。而我为什么从来未曾向母亲表达内心的感受呢？我不是常常因为女儿的甜言蜜语而觉得精神百倍吗？难道我的母亲就不想听她女儿的感谢吗？我是不是应该学学女儿，勇敢地向母亲示爱呢？

车程满长的，我有足够的时间来培养勇气。我决定一进门就启齿。然而，房门一打开，母亲就绽开笑靥，朝我说：“回来啦！吃饭了！”我突然一阵害羞，错失了最好的时机向母亲说“谢谢”。我教书十余年，演讲无数次，从来没有一次开口像这般艰难的。我安慰自己：“没关系，第一次总是艰难。跨过了这一关，以后就简单了。”

吃饭时我一直在伺机行动。可是饭吃完了，我还是没说，心里好着急。再不把握机会，这句话恐怕就只好永远藏在心里了。碗一放，我低头看着碗，鼓足勇气说：“妈！我觉得自己好幸福！四十几岁的人，中午还有妈妈做好热腾腾的饭菜等我回来吃。”

我头都不敢抬地很快说完这话，也不敢去看母亲的表情，便急急地奔进书房里，取出下午要带的书，仓促夺门而去。

那天傍晚从学校回来，母亲已在厨房忙着。我悄悄打开门进屋时，发现父亲过世后就不曾开口唱歌的母亲居然恢复了以前的习惯——在厨房边打点着菜，边唱着歌。

离别与重逢

〔美〕理尔·瑞奇

我坐在飞机场里，静观人们在挚爱亲友即将到达或离去时的表现。他们踱来踱去，心情紧张，互相凝视，时而分开，情意浓烈得化不开。

一个说西班牙语的女人跑来跑去，叫家人聚在一起向要出门的人道别。她的声音很尖。登机的时刻终于到了，她双臂搂着儿子，用力地拥抱，祝福他一路平安，直至归来。

一对婆孙站在我身边栏杆的附近；来接他们的人迟到了。旁边两位跟他们毫无关系的女士朝走廊两头张望，像在扫视空阔的大海。一位母亲抱着婴儿吻别丈夫，泪流满面，激情毕露。

在第十三号门，刚抵埠的旅客鱼贯而出。“我看到她了。在那边。”刚抵达的人同样激动，立即融进了接机的人群，好像他们本来就是人群中的一部分。人群中有笑有泪，和亲友久别重逢的笑声中，流露着十足的欢欣。

我坐下来看手上的书，等待轮到我离去的时刻。我孤单一人，因为我挚爱的人都各自有事要办，其中一个——我女儿——正在我的目的地等着我。

我回忆以前的离别与重逢。我想起了那次看着女儿——就是我现在要去探望的那个——沿着狭窄的活动走廊前行，背囊挂在一边肩膀上，胀鼓鼓的手提行李抱在怀里，双耳戴着耳机，对身边的人潮视若无睹。她那时是大学一年级学生，八月离家去上大学之后，到11月才首次回家度假。我紧紧拥抱着她，有失而复得的感觉。

今天我要坐的班机晚了两小时。我手里的书没有周围那些离别或重逢的人那么有趣。一个五岁男孩初次和祖父见面，伸长脖子，望着那个只有孩子才觉得他高大的男人的脸。上下两张脸都喜形于色，我不禁心想：该怎样用笔墨或电影镜头来捕捉这一刹那呢？

我的班机终于召唤乘客登机了。我收起书，手提着行李，因为没有人送行，我并没有回过头来看后面。我想到丈夫，他正在上班，会想着我是否已经启程。在我目的地那边的女儿也会想着同一个问题。

我朝飞机走去，忆起了另一次离别与重逢。那时我刚结婚一年，九十一岁的祖父辞世了。他和我一向亲近，我参加完他的葬礼乘飞机回家，哭着走出机场。我丈夫在出口等我，把我拥在怀里，旁人见到我哭都看着我们，但是我不介意，我觉得在机场痛哭没什么大不了。

生命中每一分钟都应该像机场的这一刻那么重要。我但愿每一个出门的人归来都见到有人在迎接他们，也希望每一个人出门都有人送行。我想到祖父，体会到死亡只不过是踏上另一旅程，并不可怕。

寻觅真挚友情

〔美〕赖泽尔

苏格兰名作家及谐星劳得常打趣观众说："你们比肩并坐了两小时，没有一个和邻座的人谈话！"观众觉得他这句话真哏。于是，很少有人不转头和邻座交谈。

就是这么简单容易。一句话，一个微笑，邻座的人就可能成为自己的朋友。在我们的一生中，我们时常会因为太自高自大，或者太自惭形秽而得不到好的友情。

有一次，大风雪后，积雪满街，交通断绝。我们公寓大楼中的煤用完了，食品杂货店的人没送货来，没有自来水，电梯也因故障而不动。从来没有交谈过的邻居们相互敲门，愿意接济食物、牛奶、唱片等等。有个人家举行舞会，使我们大家兴致热烈起来。参加舞会的人从十一岁到七十五岁的都有。我们这才发现，大楼的管理员会弹钢琴。

当时我想：如果平时能有这种友好互助的精神，那幢大楼中每天的日常生活会多么生色！

你当然在旅行时可以冷然拒人于千里之外。但是，那种态度也会使你不能享受众人之乐。你如果看不到世人的内心，你就看不到世界。打开袜盒让顾客挑选的女店员、街头值勤的警察、公共汽车司机、电梯司机、擦鞋童，他们都是有个性的人，每个人都有一个丰富的内心世界。我们大多数人总是陷入刻板的生活，每天见同样那几个人，和他们谈同样的事。其实，和陌生人谈话，特别是和不同行业的人谈话，更能给你提供新的经验和感受。乡野的农人，偏僻地点加油站的机匠，抱着孩子的极为得意的女人，全能使我衷心愉悦，觉得世界上充满了生机。

我们许多人自觉没有什么可以给人，但是我们至少可以接受别人的盛情。如果我们不是熟视无睹，而是仔细看人，我们很可能从他的眼光中看到他心有疑难。我如果看见车站上有一个女人在流泪，一个孩子眼露痛苦之色，或是一个外国人身在异乡、手足无措，而不上去询问协助，我就不能原谅自己。

我认识的一位妇人乘火车西行，在中途一个荒野小镇停车时下车散步。这时东行的火车也抵站，两列车有很多的乘客在车站上悠闲踱步。她看到一个面带笑容的男子，两人便谈起话来，一同散步，火车鸣笛促乘客上车时，那男子说："我们也许从此不会再见面了。"他们握手道别，却登上了同一列火车！

其后许多年，他们互相通信，直到离世。两人所求者都不是恋爱，而是珍贵的友情。

问问你自己：你的知己中，有几个是经过正式介绍而认识的？我记得我在一处海滩上认识的鲍尔德，就是他从水中走上来，我正要走下水去时认识的。我在纽约一家餐馆中遇到艾伯特，是他正在看一本我当时极为欣赏的书时认识的。我在大峡谷遇到戈登，他初睹奇景，急欲找人一谈，就在他对我一吐为快时，我们相识了。

亿万人的情绪感觉各有不同：有的孤独，有的抱着希望，有的烦忧沉郁……在人生的长途中，这种心情和感觉均需要伙伴，需要友情。本来是陌生人，有一个人伸出手来，就成了朋友。

母亲节的礼物

〔美〕肯·威伯

五月的一个星期日，年轻的主妇颇感忧郁。那天正好是母亲节，可是她的双亲却远在800英里外的俄亥俄州……

那天早晨，她曾给母亲打过电话，祝她老人家母亲节愉快，而她母亲提到，随着春天的来临，庭院里显得绚丽多彩。在她们谈话时，这位年轻妇女几乎嗅到了紫丁香那诱人的芬芳——那些花开在她娘家后门外的一株茁壮的丁香树上。

后来，当她对丈夫说起她是多么想念那些紫丁香时，她丈夫猛地从椅子上站起来，说："我知道哪能找到你要的东西，把孩子们带上，走吧！"

于是，他们离开了家，开车沿着罗德岛北部的乡间道路行驶。这天，阳光明媚，碧空万里，周围一片嫩绿，充满生机，令人心旷神怡——只有在五月中旬才能有这样的天气。

他们停车的道路两旁，长满了茂密的雪松、松柏和矮小的桦树，却看不见一株丁香树。

丈夫说："跟我来。"他们刚爬到半山腰，就感到花香扑鼻。孩子们开始往上跑。紧接着，妈妈也跑起来了，她一口气跑到了山顶。

在那里，一株株亭亭玉立的丁香树上开满了硕大的、松果状的花朵，压得枝头几乎弯到地上。这些花远离驱车旅行的游人，也不受日益扩张的文明的侵袭。这位年轻妇女微笑着奔向离她最近的那一株，把脸埋在花丛里，尽情地汲取那迷人的芳香，陶醉在它所勾起的回忆之中。

她十分细心地这儿挑一个嫩枝，那儿选一个嫩枝，并用小刀把这些嫩枝割下来。她不慌不忙地欣赏着，好像每一朵花都是精美的稀世珍宝一样。

最后，他们回到汽车里，踏上了归途。孩子们叽叽喳喳地说个没完，丈夫开着车；而妻子则微笑着坐在那儿，周围簇拥着鲜花，眼睛看着远方，似乎在凝神遐想。

离家不到三英里了，这时她突然向丈夫喊道："停车！就在这儿停车！"

丈夫戛然刹住了车。他还没有来得及问是怎么回事，妻子已经跳下车，匆匆忙忙地往附近一个长满野草的山坡上跑去，手里依然捧着那簇丁香花。

原来，在山冈上设有一所疗养院。这天春光明媚，所以病人纷纷走出来，有的同亲属们一起散步，有的坐在门廊上。

年轻妇女跑到了门廊尽头。在那里，一位上了年纪的病人正坐在轮椅上。她孤身一人，耷拉着脑袋，背对着众人。只见鲜花越过门廊栏杆，出现在这位老妇人的膝上。这时她抬起头，笑了。

两个妇女聊了一会儿。两人都由于十分高兴而容光焕发。然后，年轻妇女转过身，跑回到她家人这边来。

汽车开动了，轮椅上的老妇人招着手，挥动着花束。

"妈妈，"孩子们问道，"她是谁呀？您为什么把我们的花给她呢？她是谁的妈妈么？"

妈妈说，她并不认识那位老妇人。可是这天是母亲节，而她又是那么孤单。谁看见花会不高兴呢？她又说："再说，我有你们，我还有我的妈妈——虽然她离我很远。那位老奶奶比我更需要这些花的。"

孩子们明白了。然而，丈夫的心情却不能平静。第二天，他买来六株丁香树苗，栽在院子的四周。在那以后，他又陆续栽了许多株。

如今，每年五月份，他们家自己的院子里都洋溢着丁香花的芳馨。每逢母亲节，他们的孩子们都要采集那种紫色的花朵。她年年都会记起挂在那位孤独老妇人脸上的笑容。而每到这时，她的心里就又充满了使那位老妇人欢笑起来的那股柔情。

哦！冬夜的灯光

〔法〕莫里斯·吉布森

我和我的妻子珍妮抛下我们自己的诊所，离开我们舒适可爱的家，来到八千公里外的加拿大西部，一个名叫奥克托克斯的荒凉小镇。这里十分偏僻，天气很冷，但是我们感觉到：我们生活的地方辽阔无垠，这里有的是温暖、友谊和乐观。

我记得一个冬日之夜，有个农民打电话来说他一个人在家，可是他的婴儿正在发高烧。虽然汽车里有暖气，他也不敢冒险带婴儿上路。他听说我不管多晚也肯出诊，因此请我们上门去给他的婴儿治病。

他的农场在十公里外，我要他告诉我怎样走法。"我这里很容易找到。出镇向西走六公里半，转北走一公里半，转西走三公里，再……"

我给他搞得糊里糊涂，虽然他把到他家的路线再说了一遍，我还是弄不清楚。

"我知道该怎么办了，医生。我会打电话给沿途农家，叫他们开亮电灯，你看着灯光开车到我这里来，我会把开着车头灯的卡车放在大门口，那样你就能找到了。"他在电话里告诉我这个办法，我觉得不错。

启程前，我出去观察了一下阿尔伯达上空广阔无边的穹隆。在冬季里，我们随时都要提防风暴，而山上堆积的乌云，可能就是寒天下雪的征兆。每一年，都有人猝不及防地在车里冻僵。没有经历过荒原风雪的凶猛袭击，是不知道它的危险性的。

我开着车上路，车窗外面寒风呼呼地怒吼着。果然，正如那位农民所说的，沿途农家全部把灯开亮了。平时，一入夜荒野总是漆黑一片，因为那时候的农家夜里用灯是很节约的。一路的灯光指引着我，使我终于找到了那求医的人家。

我急忙给婴儿检查病情。这婴儿烧得很厉害，不过没有生命危险。我给婴儿打了针，再配了一些药，然后向那农人交代怎样护理，怎样给孩子服药。当我收拾药箱的时候，我心里在想：那么复杂的乡村夜路，我怎能认得路回去呢？

这时候，外面已经下大雪了。那农人对我说，如果回家不方便，可以在他家过一夜。我婉言谢绝了。我还得赶回去，说不定深夜还会有病人来求诊。我壮着胆子启动引擎，把汽车徐徐地驶离这户人家的门口，说实话，我的心里满怀恐惧。但是，车子在道路上开了一会儿，我就发现我的恐惧和忧虑是多余的。沿途农家的灯都仍然开着，通明闪亮的灯光仿佛在朝着我致意，人们用他们的灯光送我回去。我的汽车每驶过一家，灯光随后就熄灭，而前面的灯光还闪亮着，在等待着我……我沿途听到的，只是汽车发动机不断发出的隆隆声，以及车轮碾雪的声音。可是我不感到孤独，那种感觉就像在黑暗中经过灯塔一样。

这时我开始领悟到了阿瑟·查普曼写下这几句诗时的意境：

那里的握手比较有力，
那里的笑容比较长久，
那就是西部开始的地方。

秋晨之梦

〔英〕伊丽莎白·妮娜

东方的天际正露出鱼肚白，夜幕正在消逝。当大地刚刚呈现它朦胧的轮廓时，晨雾又将正在苏醒的世界笼罩住了。我讨厌雾，正像讨厌希望一样，因为它使生命变得虚幻，难以捉摸。

我走出了家门，深深吸了一口清晨的空气，沿着蜿蜒的山间小路向山顶走去。已是深秋了，有着淡淡的晨雾，红色的枫叶在一片绿色的海洋中若隐若现。严酷的冬季即将来临，它们也即将离我们而去，这使人感到一种模糊的不可言状的忧愁。这种情绪袭击着我，我的思绪不禁随之而去。秋天的忧愁，那是对生命的希望，是对人到现在还一事无成的感叹。

“童年是一个梦，青春是一首诗，中年即是平凡而实际，而老年则是一场绵远的回忆。”我的一个朋友这么说过。

生命就像溪流的卵石，随着时光的流逝，所有的棱角都已被水磨光。我知道，我不应多想，我走到一片竹林坐着，拿出随身所带的书，很快地在书中忘记了一切。一些人借助酒精寻求解脱，而我则在书中寻求慰藉。

“露珠落下……”我大声念着，这时，一颗露珠滴在书上，刚好将“tear”这个词打湿了。我的心不禁一紧，抬起了头。竹叶上点点滴滴地布满了露珠，宛如一个人在深秋的清晨，流着寂寞的眼泪，那样的无助和孤独。它们看着我，我也看着它们，晶莹闪亮，似乎有很多话要对我说。

我的眼睛不禁模糊了，两年前的往事一股脑儿涌上心头。

也是同样的季节，也是同个地方，所不同的是当时的我还不经世，和我在一起的，还有一位美丽的姑娘。

“看，那悬崖上有一朵红花，这个季节可真的不多见。”她高兴地叫起来，“要是我们能把它摘下来就好了。”

“我会摘到它的。”

“那你去摘啊！”

我冒着生命危险，爬上悬崖，摘取那朵红花。她的脸上由于紧张而发白，虽然她没有叫出声音来。

那年的冬天，我们分别了。她送我一本日记本，在第一页上她用清丽的草书这样写道：“我希望你能以摘取悬崖上红花的勇气，去摘取你理想的花冠。”我发现上面还有一滴淡淡的泪痕。

我回赠她一个书签，上面写道：“理想是一首诗，没有理想的生命是没有意义的，灵魂也将死亡。”

此后两年过去了，山河依旧，人事全非。现在我们天各一方，她变得怎么样了呢？我又变成什么样了呢？我在寻找过去的自我，寻找一些生命中重要的东西。

“啊！”我不禁叹息，“所有这些似乎都是荒唐的梦，一个秋晨之梦。”我站起身，向山下走去。

一个人总要遭受失败的痛苦。但希望和失败总是交织在一起的：希望，失败；再希望，再失败。如此反复不断，成为串联我们生命的链条。是的，这是深秋的清晨，尽管它让人感到萧萧。但秋晨之梦还是值得为之奋斗的。

新的一天已经开始了，我必须面对它。

一个小女孩的梦想

〔美〕巴兹·迪尔

每一个人，当他年轻时，都应该努力去实现一个梦想，那会使得他在今后的人生旅途中获得一种信念，一种对生活前景的信仰。这应该是一个伟大的、重要的，你认为不可能实现的梦，譬如在校园演剧时当主角，或者独自一人吃掉整整一个生日蛋糕。而我的梦想是骑象。

在经济大萧条时期，我们的小镇上只是偶尔有小马戏团来表演一次，而且他们通常根本就没有象。我家的附近又没有动物园，观看大象对我来说就已经是极不容易的事了，更别说骑象了。

但是我爱象。在我看来，大象似乎是最大最仁慈的生物，它似乎是一种自然的启迪，那就是：世界上最美好的事物并不总是以玲珑小巧的形式出现的。这是我需要的启迪，因为我不仅仅是一个小小的我。坐在大象背上会是多么不可思议，从那样高的地方去看世界一定是极美的，我也会是很美的。

九岁那年，我仍不忘诸如骑象那样的事，那时我母亲刚刚去世，父亲在另一个镇上找到了一份工作。我跟祖母住在一起，我很爱她，她待我很好，但是我感到陌生。我常常看着放在起居室壁炉台上的那排象牙制的小象，出神地想象着真正的大象。

一个秋天的傍晚，我在放学回家的路上看到马戏团的海报。以往，当马戏团到城里来的时候，我们总是要去看的。但是，今年，我没有把握，我不能想象祖母会和我坐在沿街破烂的帆布帐篷下，在黄昏时分，站着看那花脸的小丑、穿芭蕾舞短裙的女士和翘鼻子的大象。突然间，我感到从未有过的孤独。

星期六有两场演出。那天下午，我坐在胡桃树间的秋千上看书，努力克制自己不去想大街上的锯木屑，不去想大象，不去想那消逝了的时光：那时，爸爸、妈妈和我会一起走进那奇妙的帐篷。

然而，五点钟时，父亲的小车在家门口停了下来，我向他跑去，“喂，宝贝，”他说，“听说马戏团在镇上演出，我想我可能会说服你去看看表演。”

他请了一个下午的假，开了六十英里的车来接我。

搭在镇边的帐篷里，观众连一半都不到，风不断地吹进来，聚在看台中央的为数不多的观众们都把手插在口袋里，但是我们谁也不在乎这些。马戏团里有小丑、一个光背的骑士和一个表演空中吊架的演员；还有狗、马和穿着画满彩球外衣的魔术师。过了一会儿，在这样一个萧条时期的落后城镇的黑暗的夜里，我们看到了人类的奇迹——那些技巧娴熟的多才多艺的旋转着的出色的表演者，他们给我们以愉悦、享受和鼓舞。接着，一头大象被领进场来。

它很老了，岁月在它身上刻下了许许多多高低不平的褶皱和印记，使得它显得既美丽又可怕。它走进场来，停住脚，用后腿站立着，接受我们的掌声。

“我真希望我能骑骑这头象。”我轻声地说。

“你说什么?”父亲问道。

“没什么，”我说，“它好大，也真好看。”

这时，马戏团的领班大声地说道，“这是苏茜，它喜欢人类，”他故弄玄虚地停了一下，接着说，“我们知道观众当中有些人很想骑骑大象。”

我屏住了呼吸。

“哪一个男孩想骑象，请上前来。”

当四个男孩子冲下看台的时候，人群一阵骚乱。耍象人拉了拉大象的耳朵，它便蹲了下来，领班帮着四个男孩骑到象背上。

我感觉到眼泪在眼眶里打转，但是我咬咬牙齿。当然了，总归得是男孩子，他们什么都能做。他们大笑着，互相紧紧地抓住，骑着苏茜在场上打圈。我无可奈何地看着，唉，从来就没有人能够做他最想做的事的，生活就是这样的。

这时，领班又在讲话了，我没有去听。

“你的机会来了。”父亲说。

“什么?”

“他在叫想骑象的女孩子呢，那不就是你，是吗?”

我看看父亲，又看看大象，我做不到，那是不可能的。

“快，”他催促我说，“还不太晚。”

“我不行的。”我说。我站不起来，不能走下看台骄傲地坐在苏茜的脊背上。我会静坐着错过选择的机会，然后面临不可挽回的损失，我将永远后悔：我本可以骑上大象的，却终于没有。我老这样。

但是父亲又说了：“站起来，宝贝。那样领班就会看到你了。”他轻轻地推着我站了起来。

“来啊，”领班说，“我知道至少有一个想骑象的小女孩。”

我双脚麻木地走下看台，跨过表演场地的栅栏，后面跟着另外三个女孩。我站在场地的中央，闻到了锯木屑的芳香，也闻到了苏茜的气息。现在我不是怕大象，也不是怕盯着我看的人群，而是感到我的梦想得以实现的巨大的惊喜。

我们爬到苏茜的身上。它的皮肤很粗糙，在我的光腿下磨来磨去。我抓住面前的鞍具，另一个女孩抱住我的腰。苏茜站了起来，我就坐在那里，高高地坐在大象的背上凌驾于世界之上。

那是我父亲带我去看的最后的一场马戏。但是自那以后，没有马戏我也能好好地生活了，因为我已经骑过大象了!

从此，每当我遇到一些棘手的事，我总会想起那一时刻：炫目的灯光，吹进帐篷的冷风和那令人痛苦的想法：“我不行”；“太迟了”；然后我就会想起父亲的声音和那轻轻的一推，还有领班的话：“我知道有一个想骑象的女孩。”

人类需要梦想者

〔美〕邓琮琮

居里夫人一生拥有过三克镭，她把第一克捐给了她的科学，公众则把第二克和第三克回赠给了她。这三克镭展示了一个科学家伟大的人格，和由此唤起的公众对科学的理解。

一九二零年五月的一个早晨，一位叫麦隆内夫人的美国记者，几经周折终于在巴黎实验室见到了镭的发现者。

端庄典雅的主人与异常简陋的实验室，给这位美国记者留下了深刻印象。让她非常惊讶的是，居里夫人居然能够说出世界上每一零星镭的所在地。

麦隆内夫人问："法国有多少呢?"

"我的实验室只有一克。"

"你只有一克镭么?"

"我？啊，我一点也没有。这一克是属于我的实验室。"

此时，镭问世已经十八年，它当初的身价曾高达过七十五万金法郎。美国女记者由此推断，提纯镭的专利技术，应该早已使眼前这位夫人富甲天下。

但事实上，居里夫妇早在十八年前就放弃了他们的权利，并毫无保留地公布了镭的提纯方法。他们当时经济拮据，生活贫困，却不肯用自己历尽艰辛获得的科学成果谋取丝毫个人利益。居里夫人后来的解释异常平淡："没有人应该因镭致富，它是属于全人类的。"

麦隆内夫人困惑不解地问："难道这个世界上就没有你最想要的东西吗?"

"有，一克镭，以便我的研究。但是我买不起，它的价格太贵了。"

这出乎意料的回答，使麦隆内夫人既感惊讶又非常不平静。镭的提纯技术已使世界各地的商人腰缠万贯，而镭的发现者却困顿至此，以致无法进行研究。

她立即飞回美国，打听出一克镭在美国当时的市价是十万美元，便先找了十个女百万富翁，以为同是女人又有钱肯定会解囊相助，却碰了壁。这使麦隆内夫人意识到，这不仅仅是一次金钱的需求，而是一场呼唤公众理解科学、弘扬科学家品格的社会教育。她在全美妇女中奔走宣传，获得了成功。

一九二一年五月二十日，美国总统哈定将公众捐献的一克镭赠予居里夫人。居里夫人在仔细阅读完文件后说："美国赠给我的这一克镭，应该永远属于科学。希望你们立即请个律师，把它改赠给我的实验室。"

数年之后，当居里夫人为在祖国波兰创设一个镭研究院，治疗癌病的时候，美国民众再次为她捐赠了第二克镭。

一些人认为，居里夫人在对待镭的问题上固执得让人难以理解。既然是为了科学研究，在专利书上签个字，不是要省事得多吗?

居里夫人在后来的自传中回答了这个问题："我的许多朋友坚持说，若是比埃尔·居里和我保留了我的权利，我们就可以得到必需的资金，来建立一个满意的镭研究院，而以前阻碍我们两个人，现在仍在阻碍我的种种困难都可以避免。他们所说的并非没有道理，但我仍然相信我们是对的。人类需要善于实践的人，他们能从工作中取得极大的收获，既不忘记大众的福利，又能保障自己的利益。但人类也需要梦想者，这种人醉心于一种事业的大公无私的发展，因而不能注意自身的物质利益。”

即使是为了科学，也不能将科学的成果据为己有。这是居里夫人向人类贡献镭的同时，贡献的另一种价值。

我的苹果树

〔美〕罗纳德·贾格尔

那时我大约十岁。六月的一天晚上，在门廊前我发现了一棵不足五英寸高的与众不同的小树苗。虽然当时它只是一棵小小的秧苗，但爸爸却认定它是棵小苹果树。一下子我就喜欢上它了，并决定移栽它，将它当宝贝似的爱护起来，让它茁壮成长。我坚信等我长大成人并经营这片土地时，它定会为我结出累累硕果。

爸爸提议把它种在车道和花园间的一块空地上，当晚就为我把它掘了出来，于是我就将它种在那里了。由于对果树知之甚少，我不知道由种子发育来的苹果树常常只结些很孬的果子，甚至根本不结果，反倒以为家中那些嫁接来的果树才会这样。爸爸即使当时知道这事，也不会来打击我的积极性。

当时我纯粹是凭着一股孩子气来照料我的苹果树，时而不管它，时而又很精心地护理它。它与杂草共生，而且又是那么合我家玻尔（干活的马）的口味，馋得玻尔一有机会就打它的主意，常把它啃得缺枝少叶。尽管如此，我还是兴奋地看到它一天天长得枝繁叶茂起来。

过了好些年，我的苹果树一直只开花不结果。后来我才在一本高中教科书上看到，由种子长成的苹果树往往结的苹果又干又瘪，又苦又涩。这无疑是在给我泼冷水，要是我早知如此该多好啊！不管怎样，它仍是一棵很好的树，我依然喜欢它，所以照书上讲的方法给它修了枝，这样至少看起来舒服些。后来我离家去上大学，也把它给忘了。

转眼间我的苹果树结果了。起初慢慢地结，然后越结越多，越长越大，最后满树都是香甜诱人的大苹果。这些苹果既美味可口，又适合做上等的果酱和最好的苹果干，而且比家里别的树上结的果更不易遭病虫害。

一晃三五年过去了。我这棵苹果树，每年至少要结出四百公斤上等苹果。每到秋天，树上的苹果散发出诱人的芳香时，亲戚邻居就会来把成熟的果子从树上摇下来分享。

童年的梦想都已成真。这些年来它总算没有辜负我的一片殷切期望。其实当时，我并不知道自己在干什么。哪怕当时我有一丁点这方面的知识，都不会犯傻去移栽它，护理它。正是我这片痴情，才使它有了今天，才使这一天方夜谭般的收获，终于成了现实。

第二次冒险

〔美〕迪斯尼

退休教授安道特是个不大健谈的人，然而谈及他一九四四年春的那段奇遇，他会激动得滔滔不绝，而我们这些听众也会入迷。

那是在大规模反攻的前夜，盟军向德军控制的法国诺曼底空投了伞兵，青年安道特就是其中之一。不幸，他在远离预定地点好几英里的地方着陆。那时候差不多天亮了，老早已经细致地在脑子里记熟了的标志，他一个也没有找到，也见不到任何战友。

他懂得，他必须马上找地方隐蔽。他着陆的地点，是在一个整洁并收拾得挺漂亮的果园旁的一垛石墙附近。在熹微的晨光里，他看见不远处有一栋小小的，红色屋顶的农舍。他不知道住在里边的人是亲盟国的呢，还是亲德国的，但是他总得碰碰运气啊。他朝那房子奔去，一边温习着出发前刚学会的寥寥可数的几句法语。

听到敲门声，一个年约三十岁的法国女人——她长得并不漂亮，但是她的眼光善良而镇定——开了门。她是刚从做饭的灶间出来的。她的丈夫和三个小孩坐在饭桌旁边，惊异地盯着他。

“我是一个美国兵。”伞兵说，“你们愿意收藏我吗？”

“哦，当然啦。”法国女人说着，把他带进屋里。

“赶快！你得赶快！”做丈夫的说，把这个美国人推进壁炉旁边的一个大碗橱里，“砰”的一声闭上橱门。

几分钟后，六个德国冲锋队员来了。他们已经看到这伞兵降落，而这栋农舍是附近唯一的房子。他们搜查得干脆利落，转眼间就找到了这个伞兵，把他从碗橱里拖了出来。

根本无所谓任何手续，德国人依照惯例，把女主人的丈夫当场枪毙了，妻子和孩子放声大哭起来。

不过，冲锋队员对于如何安置俘虏安道特，却有一场争议。于是他们暂时把他推入一间棚屋里，把门闩了。棚屋后边有一个小小的窗口，越过田野就是树林，安道特蜷身挤出窗口，向树林奔去。

德国人听到他逃走。他们跑到棚后边来追他，并且向他开枪。子弹没有打中目标，不过从当时的情况看来，逃跑是没有什么希望的。他刚跑进树林——悉心经营的，没有什么灌木、杂树的法国树林子，就听到周围都是追兵，互相呼唤着。他们分散开来，有条不紊地进行搜索，声音从四面八方传来，看来抓住他不过是时间问题罢了，没有什么机会了。

不，还有最后一次机会，伞兵振作起来押了这一注。

他往回跑，离开树林，再次跑进田野。他穿过院子，院子里躺着那个被杀害的法国人的尸体，这个美国佬又来到农家跟前，敲着厨房的门。女人来得很快。她满脸苍白，泪眼模糊。他们面对面，也许站了一秒来钟。她笔直地注视这个美国青年的眼睛，他的到来使她变成了寡妇，孩子们变成孤儿。

“你愿意收藏我吗？”他问。

“哦，当然啦。快！”

她毫不迟疑地把他送回壁炉边的碗橱里。他在碗橱里躲了三天。农民的葬礼举行的时候，他是待在那橱里的。三天之后，诺曼底地区解放了，他得以重返部队。

冲锋队员再没有来到这户农家。他们想不到要再来搜查这栋房子，因为他们不理解他们所要对付的这种人民。也许，他们理解不了，人类的精神竟然能够达到这样的高度——在做过一次牺牲后，她毫不犹豫地又给了他第二次机会。

峭寒的正月

〔美〕海·布拉艾尔

正月——严寒冰封，冷风飕飕，血液为之凝冻。昼短夜长，有气无力的太阳在清蓝的天空里放出一片黯淡的弧光。暮色渐深，月光在积雪上投出漆黑的阴影，黑夜的阴影。黑夜充满了反射光，天空只有半数的星在闪亮。这就是正月。

冬天的声音可以使人两腮有刺痛之感。在干冷的日子里，脚下有雪的呜咽，山巅的铁杉丛中夜间有寒风呻吟，整整一星期在摄氏零下二十度的湖面上有冰块作响。

真正令人发抖的风雪怒号声现在是不大听见了。最多是准备间雪橇下面滑板的响声，响得像大提琴最高音那样尖锐，如果气流适宜可以远达七八百米以外。穿着毡靴熊皮袄的人也闻之哆嗦。

正月里最惊人的声音是冰的声音。有时是寒雷，常铿锵作响。这是冰晶自缩而发生吱吱怨声——水变成钢的声音。冰本身就是个音响板，发出自己的悲叹与牢骚。冬使冰熊作响。

冰的隆隆声是世界上最寒冷的声音之一。池里、湖里、缓流的河里，因冷而结成一层冰，透明如玻璃。再冷下去，冰色转青而加厚。水变成冰时便膨胀，开始向两岩挤压。忽然压力太大了，发生庞大的胀力，冰出了裂隙，整块冰像一面大鼓轰然作响。这事通常发生在夜间，因为那时候最冷。

在寒星照耀、冷风刺人的长夜中，雪会忽来忽去，冰却坚冻不融。由于河床不够大，冰便拱起而破裂，你可以听见隆隆的回声。

我们永远不能控制冬天的风。风从寒冷的朔方吹来，呼啸而过大陆，穿过中部，在群山之上怒吼，然后冲入大海。纵然淡淡的阳光可能缓和一下，寒风仍是狂放不羁，与秋季残剩的落叶玩冷飕飕的把戏。严寒之夜，明月在天，寒风袭击山岭，像浪拍岩岸一般横扫山谷，加上温天大雪，寒风就变成了暴风雪。

正月的风有的像是从黑暗的太空中最遥远的星球刮来的，声音奇异而冷酷，不过有时亦颇亲切，轻吹着烟箩冒出的烟，像小孩噘着嘴唇吹口哨。风和风信鸡作拳斗，拧一下耳朵，捏一下鼻子，然后舞蹈而去。正月的风有百种不同的声音：它可以窃窃私语，锐声尖叫，大声狂吼；它可以咆哮着穿过只剩枯枝的橡树林，叫嚣着滚下山坡；它也可以在松柏、铁杉丛中唉声叹气。

冬天的月亮是天空的女王。它催太阳匆匆上床，于一片冷漠而幽寂的清辉中照亮了霜夜。那不是我们梦寐以求的月亮，在月光下也绝感不到温暖。它可以在一个覆着雪花的寂静湖面上跳一支庄丽的雀舞，也可以在寒林枯木下的雪地上雕出奇形怪状的象形文字。但是它松脆得像玻璃炉火，乃是笼罩在一个温长正月之夜里的全部冬季冷峻之美。

蓝鸟现在比在其他季节里显得更蓝，红雀也显得格外红。当然颜色总是那样纯，也许我们需要雪衬托一下才看得清楚，就好像用白雪衬托才能看出松树和铁杉是如何的绿。雪把我们周围的环境简单化，遮藏起乱七八糟、徒乱人意的东西。看的东西少，却看得更深入更清楚。谁曾在七月时欣赏过一只乌鸦的黑色光泽?

冬天的黄昏和仲夏漫长的薄暮一样，别具一格，虽比六月里短半小时，但在皑皑白雪覆盖的大地上似乎耽搁得更久一些。漫长的黑夜姗姗来迟，好像那些闪亮的小山水大愿意接近寒冷的黑夜。

太阳一落，夜很快来临，但西方天际还有霞光，横过地平线上有条浅绿色的光带。太阳更下沉了，返照的晚霞似乎要填满天空，空中每颗霜晶都在熠熠放光。大地上每一雪覆的山谷，每一冰丘，每一山顶，都受到那光辉照耀。黄昏像是隔着结霜的玻璃看到熊熊炉火。

将近正月底，日落比一月前迟来半小时，早晨也稍微天亮得早一点。你看阴影投射的角度有变化，尤其是在正午，因为太阳从天空南部转回来了。

不过在这季节，变化能令人感觉慢得难受。即使南方的熏风带来了正月的解冻，一股北极狂风很快地又会破坏一切。整个冬天过去了才能回到春天，没有捷径。

对于乡下人，这些在谷仓里做活的日子正好使人回顾一年中有何缺欠，为了能生存而感到欣慰。他知道三月四月要召唤他下田工作，又是一番盎然绿意，万物欣欣向荣的一段新生活。四季变迁，春的必然到来，都写在午间阴影与迟来的夕阳里了。他心知其如此，便做他的活，照料火炉，耐心地等待。

冒险精神

〔日〕羽仁进

人类究竟是如何去发现新的世界、创造新的境界的呢?

每当我思考这个问题时，就总会想起一桩往事。那是我在南九州的一个孤岛上所亲眼看到的故事。

居住在这个孤岛上的，除唯一的一户渔民外，还有近百只的野生猴子。我跟专门研究猴子的专家们，在那儿生活了近半个月时间。

在猴群中，年轻的猴子竟起着令人难以想象的作用。

这些猴子一向是生活在孤岛上的密林中。所以，它们对于海洋几乎是无缘，只是偶尔有只猴子不慎从山崖上失足落海而已。

不过，当专家们来到岛上给它们投放食物后，猴子们几乎每天都跑到海边来。

如今，猴子们不仅会在海中游泳，而且还学会了潜入海中捞贝吃，甚至还知道用海水冲洗甘薯。

自古以来海洋就处于岛屿四周。然而，过去的岁月对于猴子们来说，海的世界几乎是不存在，因为海洋并没有带给它们任何益处。

但如今在猴群的生活中，海洋却成了一个新发现，而完成这个新发现的正是猴群中的年轻者。

猴子的世界并非像人类世界这样自由。年长的猴子当了首领，就严格支配着整个猴群，而年轻的猴子就得服服帖帖受首领的欺压，年轻的猴子地位最低，因此，它们很少能得到好东西吃，在首领面前，也绝不敢伸手拿好吃的东西，总是等到年长的猴子吃剩后，再走上前去。

不过，年轻的猴子有唯一的一项自由，那就是——冒险!

它们可以凭十足的好奇心和充沛的精力，去尝试各种各样的冒险。

一天，一只年轻的猴子下到过去一向令它们畏惧的浅海中，可以说，这也是其中的初次冒险。这次冒险竟成功了。于是，年轻的猴子们便一个接一个地模仿起开拓者来。不久连猴崽和母猴也养成了这种习惯。贝类成了它们所喜爱的新食物，同时大家还学会了用海水洗甘薯。这样做，不但能洗掉甘薯上的泥巴，而且还沾上了一点咸味，连它们也知道好吃多了。

只是猴子的首领怎么也不适应这种新习惯。对于总是生活在古老世界里的它来说，也根本无法养成这种新习惯。

我曾给喜欢吃橘子的猴子投放橘子。结果发现，掉在沙滩上的橘子，年轻的猴子是捞不到的，因为这些全被首领抢走了；而掉进海里的橘子首领却一个也得不到，因为这些全被敢跳海的猴子捡走了。

在年轻的猴子中，有的竟能游过三百米的海峡登上本土。这种冒险精神简直能和日本有名的冒险家相媲美。

人类的年轻人在长期的历史过程中，学到了很多智慧。拥有很多智慧，就能给人以更大冒险的可能性，但是，即使有可能性，也不能断定所有的年轻人都冒险。

人类智慧所形成的社会是极其复杂的。因为社会的习惯、制度等都是经过漫长的历史发展而来的，因此，要想突破这种习惯和制度去冒险，确非是易事。而且随着人智慧的增多，更容易产生胆怯。当年轻的猴子初次下海游泳时，难道它就有必须学会游泳登上本土的明确目标吗？想必是不会有的。它只不过是想乐观地尝试一下罢了。愈聪明愈不会轻易朝不明确的目标前进。当你总想等一切都调查好之后再尝试时，你就会逐渐失去尝试的勇气。

作为青年学生，一方面要通过学习增长智慧，另一方面还要永远保持冒险精神。不过，如何使两者并存起来，确实是个很困难的问题，但不管怎么说，在人类社会中，为了发现新的世界，创造新的境界，冒险精神无疑是十分需要的。

所谓冒险，并非仅指跨入未知的土地、海洋及宇宙。在人类社会中，当你遇到旧的习惯势力或不合理的制度时，还要设法去改革和变更它。而促成这种改革的势头本身就是一种很大程度上的冒险。

即便是猴子的冒险，也并非是光靠勇气和体力所能实现的。关心别人所不易注意的问题，以自己独特的思考力和方法去考虑和处理问题，乃是冒险的重要因素。要知道，如果某人是一位优秀的探险家，那么他同时也是一位深谋远虑的人。

可以说，冒险精神属于年轻人。可是人类是颇复杂的高级动物，有些人虽然年轻，却已失去了青春的朝气和冒险的精神；有些人虽然年老，却能青春焕发，充分发挥其聪明才智并做出巨大贡献。

朋友，你们如何来发挥自己的冒险精神？又怎样对待别人的冒险精神呢？

怎样对付遇到的不幸

〔美〕安·兰特斯

如何对付人生遇到的各种不幸？我提出的忠告就是：把苦恼、不幸、痛苦等认为是人生不可避免的一部分。当你遇到不幸时，你得抬起头来，严肃对待，并且说：“这没有什么了不起，它不可能打败我。”其后，你得不断向自己重复使人愉快高兴的话：“这一切都会过去。”

面对遇到的巨大不幸，要自己宽容自己：这也许是最难对付的人生挑战。大多数人认为：宽恕他人比宽恕自己做起来要容易得多。没有任何一种惩罚比自我责备更为痛苦的了。请看下列一些例子。

“以前我对我男朋友的关心太不够了，现在每当他碰到我，就故意不理我，我羞愧得简直想去死。”

“当着婆婆的面我扔掉了擦碟子的毛巾，她一定要我帮她擦碟子，我发火了，现在我十分痛恨自己。”

“今天在考历史的时候，我因作弊被人发现，同学们都知道这事，我感到太丢人了。”

对于上述事例，我的忠告仍然是：过去的事情就让它过去吧，因为你无法改变它了。记住：坏的东西可以引出好的结果，只要你吸取教训，你便能从中得益。

记得我的中学英语老师教导我说：“对往事耿耿于怀是徒劳无益的。”一天，同学们进入教室，发现老师的桌子上有一只装有牛奶的瓶子竖立在一只很重的石罐之中。老师公布：“今天，我要给你们上一堂课，这堂课与学习英语无关，可是，对于人生却是有着密切的关系。”老师拿起牛奶瓶，朝石罐里猛摔进去。她说：“这堂课就是覆水难收，徒悔无益。”然后，她让我们看了被摔碎的瓶子的残骸。她说：“你可以永远对这牛奶瓶感到惋惜，可是这种惋惜也无法使瓶子再恢复原形。因此，在你们生活中发生了无可挽回的事时，记住这只摔碎了的牛奶瓶！”

我时常想起那只摔碎了的牛奶瓶，它使我遇事头脑冷静、沉着。当我们在精神上自己折磨自己的时候，我们的身体也受到了打击，明知道事情已经发生，而且无可挽救，却偏要去挽救；明知机会已经失去，却偏要感到极度痛苦。这样做，不仅可笑也毫无用处。

在许多情况下，我们无法控制不幸之事不在我们头上发生，可我们对于发生不幸之事的反应是可以加以控制的。假如我们被人欺骗，我们决不能因此而萎靡不振。这样做对身体十分有害，甚至会缩短我们的生命。大多数的医生告诉我们：与因病毒引起的病比较，烦恼、担忧、紧张以及生气更容易引起生病。因此，当你发现有人委屈了你，你绝不能因内心的愤怒或痛苦而变得憔悴。愤恨就好像是一种麻醉品，把麻醉品贮存在身体内比在身体表面危险更大！

我相信：以积极的态度来应付不幸之事会收到好的效果。时间能够医治好精神上的创伤，但是，如果我们聪明地利用好时间，就能加速医治精神上的创伤，而且会使我们精神上的调整来得更快、更好。

医治心灵上的创伤的最好方法就是活动。最行之有效的一项活动就是帮助别人做些事。我对成千上万的悲观失望者说：“不要再痛苦了，不管你遇到的事有多么的不幸，但总还有比你更为不幸的人，你可以去帮助他。”

不幸、痛苦以及悲伤扩大了我们的生活范围，也许只有人们知道了痛苦的深度，才会在人生的道路上奋斗前进！

帽　子

〔美〕喻丽清

安安放学回来，小脸阴沉着。

她过去摸了摸他的额头。还好，没发烧，就问：“怎么了？学校出了什么乱子吗？”

“老师说，古柏得了癌症，不来上学了。”安安说。

“会好的呀。要有信心。不是所有的癌症都不可治的，对不对？”她想不出什么话来跟一个十岁的孩子理喻生死。古柏那可爱的孩子，怎么会死呢？

安安犹豫了一会儿，怯怯地望着她：

“可是，老师说，他在接受化学治疗，头发都掉光了。”

“不久又会长回来的……”她心里泛起了一阵悲凉。

“不是啦，不是啦。是我们同班同学大家约好了明天去医院看他。”

没等安安说完，她抢着说：“好极了。你们可以在院子里剪些花儿带去。”

安安忽然吞吞吐吐起来：“我们想……想一起剃个光头才去。”

她愣住了。

安安终于直视着她，勇敢地说道：“带我去剃头的地方，好不好？”

她不知道说什么好，只照例打开冰箱，给安安倒了杯牛奶。安安一边在餐桌上摊开书包里的东西，一边企图游说：“是我想到的主意。我跟汤姆说，既然古柏秃头，我们也把头秃了，好叫他放心，我们跟他一样，他就不怕了。”

她望着儿子，异常感动——小心小肠的，疼惜得不得了。

“好不好嘛？汤姆、路易他们在等我的电话呢。”安安着急地问。

她说：“好吧，你喝了牛奶我们就走。”

理发店里，安安兴奋得手舞足蹈，骄傲地宣讲着他削发的目的。不一会儿，汤姆、路易也都来了。家长们很以之为荣。孩子们有志一同，牺牲得更有声有色的样子。理发师傅被感动了，对他们说：“今天算你们半价好了。古柏有你们这样的同学，哎，甘心的……”

望着那三个小光头，她忽然间记起了她的童年和她所收集的无数的帽子。

小时候，她的母亲最喜欢给她买帽子了。母亲是个留洋的小姐，父亲官位不低。美中不足是他们的独生女儿，生来头发稀稀疏疏，不男不女，常常觉得带不出去。最后，还是娘姨想出的好主意——每次带她出门或有应酬，就让她戴顶帽子。收集帽子因此变成她父母的嗜好。戴帽子出门，变成她与生俱来的习惯。

回到家里，她对安安说：“我有个更好的主意。明天去医院之前，请你的同学来我们家，我要送他们一人一顶帽子，你说好不好？我还有一顶最贵的是从前外祖父从法国买回来的，跟新的一样，你带给古柏，他一定会喜欢。”

安安喜极，搂着她跳：“妈妈，我爱你。没头发也爱，要一直爱下去……”

五分十分地利用空闲时间

〔美〕爱尔斯金

卡尔·华尔德是我的钢琴教师。有一天，他给我教课的时候，忽然问我："每天要练习多少时间钢琴？"我说大约三四个小时。

"你每次练习时间都很长吗？是不是有个把钟头的时间？"

"我想这样才好。"

"不，不要这样！"他说，"你将来长大以后，每天不会有长时间空闲的。你可以养成习惯，一有空闲就几分钟几分钟地练习。比如你上学以前，或在午饭以后，或在工作的休息余闲，五分、十分钟地去练习。把小的练习时间分散在一天里面，如此弹钢琴就成了你日常生活中的一部分了。"

当我在哥伦比亚大学教书的时候，我想兼搞创作。可是上课、看卷子、开会等事情把我白天晚上的时间完全占满了。差不多有两年我不曾动笔写过一个字，借口是没有时间。后来才想起了卡尔·华尔德先生告诉我的话。

到了下一个星期，我就照他的话实验起来。只要有五分钟左右的空闲时间，我就坐下来写作一百字或短短的几行。

出乎意外，在那个星期的终了，我竟写了相当数量的稿子。后来我用同样积少成多的方法创作长篇小说。我的教授工作虽一天比一天繁重，但是每天仍有许多可以利用的余闲。我同时还练习钢琴，发现每天小小的间歇时间，足够我从事创作与弹琴。

利用短时间，其中有一个诀窍：你要工作进行得迅速，如果只有五分钟的时间给你写作，你切不可把四分钟消磨在咬你的铅笔尾巴上。思想上事前要有所准备，到工作时间来临的时候，立刻把心神集中在工作上，迅速集中脑力。

我承认我并不是故意想使五分十分钟不要随便过去，但是人类的生命可以从这些短短的间歇闲余中获得一些成就的。卡尔·华尔德对于我的一生有极重大的影响。由于他，我发现了极短的时间，如果能毫不拖延地充分加以利用，就能积少成多地供给你所需要的长时间。

大卫的机遇

〔美〕霍　桑

大卫·斯旺沿着大道，朝波士顿走去。他的叔父在波士顿，是个商人，要给他在自己店里找个工作。夏日里起早摸黑地赶路，实在太疲乏，大卫打算一见到阴凉的地方就坐下来歇歇。不多会儿，他来到一口覆盖着浓阴的泉眼旁边。这儿幽静、凉快。他蹲下身子，饮了几口泉水。然后，把衣服裤子折起当枕头，躺在松软的草地上，很快就酣然入睡了。

就在他呼呼大睡的当儿，大道上来了一辆由两匹骏马拉着的华丽马车。蓦地，由于马蹩痛了脚，车子嘎的停在泉眼边。车里走出一位年长绅士和他的妻子。他们一眼就瞧见大卫睡在那儿。

“他睡得多沉，呼吸那么顺畅，要是我也能那样睡会儿，该多幸福！”绅士说。

他的妻子也叹道：“像咱们这样的老人，再也睡不上那样的好觉了！看那孩子多像咱们心爱的儿子呀，能叫醒他吗？”

“哦，咱们还不知道他的品行呢。”

“看他脸孔，多天真无邪哟！”

大卫不知道，幸运之神正近在咫尺呢！年长绅士家里很富有。他唯一的儿子新近不幸死了。在这样的情况下，人们往往会做出奇怪的事来。比如说，认一个陌生小伙子为儿子，并让他继承自己的家产。可是，大卫却始终没醒来，睡得正甜。

“咱们叫醒他吧！”绅士妻子又说了一句。正在这时，马车夫嚷起来：“快走吧！马好了。”老夫妻俩依恋地对视一下，便快步走向马车。

过了不到五分钟，一个美丽的姑娘踏着欢快的步子，朝泉眼走来了。她停下来喝水，也瞧见了大卫。就像未经允许进入别人卧室，姑娘慌忙想离开。突然，她看见一只大马蜂正嗡嗡地在大卫头上飞来飞去，就不由得掏出手帕挥舞着，把马蜂赶走。

看着大卫，姑娘心头一颤，脱口而出：“他长得多俊啊！”可是大卫却丝毫未动，她只好怏怏地走了。要是大卫能醒来，也许能和她认识，甚至结亲。

要知道，她父亲可是个大百货商哩。

姑娘刚走开，两个帽檐拉到眉头的强盗悄悄地溜过来了。他们看见大卫躺在泉边香甜地睡着，一个歹念顿时闪上心头。

“也许这崽子身上有钱。”

“过去摸摸看，如果他醒来，就用这个来对付他。”说着，一个强盗掏出了明晃晃的匕首。他们正准备下手时，一条狗匆匆跑到泉边饮水。他们吓得心惊肉跳。

“等一下，可能狗的主人就在附近。”

“我们还是小心为妙，赶快离开吧！”两个强盗嘀咕了一阵，便溜走了。

一辆马车的隆隆声，惊醒了大卫。他跳了上去，很快消失在烟尘中。

大卫永远也不会知道在他睡眠时，发生的一切幸运和险象。可是，仔细想想，世上谁人不如此呢？

尾生的信义

〔日〕芥川龙之介

尾生伫立在桥下，等待着她的到来。

他抬头一看，只见高高的石桥栏杆，已被爬上来的攀缘植物遮盖了一半，桥上人来人往，人们的白色衣裳沐浴着灿烂的夕阳，风儿幽幽地吹拂着他们的衣裙。可是，她还没来。

尾生轻轻地吹着口哨，愉快地眺望着桥下的沙洲。

桥下黄泥的沙洲，大约还剩下两坪，与河水紧邻在一起。长满芦苇的河畔，有许许多多的小洞，那也许是河蟹的巢穴，每当水波涌上来，就发出轻轻的咕咚声。可是，她还没来。

尾生望眼欲穿地走到河畔，环视着没有一只船通过的平静的河流。

河边上青青的芦苇长得密不透风。而且，在芦苇中，还有一棵棵郁郁葱葱的、婀娜多姿的河柳。芦苇和河柳遮住了水面，看不见河面的宽度。只见一条带状的清澈的河流映着天上云母般的云彩，静静地在芦苇中蜿蜒开去。可是，她还没来。

尾生在河畔踱步，现在沙洲越来越小了。尾生一边踱步，一边注意着暮色渐近的四周的动静。

桥上早就没行人的踪影了。脚步声、马蹄声，还有车轮声，全部消失了。只听见风声、芦苇声、水声……还有不知从何处传来的苍鹭的尖啸的啼叫声。尾生停下脚步，潮水不知何时涨了起来。挟裹着黄泥的波光粼粼的河水，比刚才更逼近了。可是，她还没来。

尾生担忧得蹙起眉头，在桥下昏暗的沙洲上着急地团团乱转。这时，河水一寸一寸，一尺一尺地渐渐涌上沙洲。同时，从河里升起的河藻气、水汽，冷飕飕地渗在他身上。抬头一看，桥上那灿烂的夕阳已经消失了。只有石桥栏杆，横跨在暮色苍茫中。可是，她还没来。

尾生很害怕，呆立不动。

河水打湿了他的鞋，冷冰的河水渐渐地蔓延开来，也许在很短的时间里，他的膝头、腹部、胸部就要被那猛涨的河水无情地淹没。这时候，水位越来越高，他的两条腿已被河水吞没。可是，她还没来。

尾生站在水里，仍怀着一丝希望，不住地向桥上张望。

水已经没到腹部了，周围早已笼罩在苍茫的暮色中，远远近近的茂密的芦苇和河柳的沙沙的响声，从昏暗的暮霭中传来。一条像是鲈鱼的鱼，翻着白肚，从尾生的鼻子前面跳过。鱼跳过之后，天空中也已出现了稀稀疏疏的星光，连藤蔓缠绕的桥栏，也很快消融在暮色里，变得模糊不清了。可是，她还没来。

夜半，当月光洒在河中的芦苇和柳树上的时候，河水和微风互相低语着，将桥下尾生的尸体，轻轻地朝大海方向托去。也许尾生的灵魂向往着天空中那皎洁的月光，他摆脱了躯壳，就像水汽、藻味一样，悄无声息地向那微暗的夜空，袅袅地上升……

几千年过去了，他的灵魂历经流转沧桑，又必须托生为人了。他的灵魂就是如今附着在我身上的这个灵魂。所以，我虽然生活在现代，却干不出任何有意义的事情来，一天到晚过着浑浑噩噩的生活，一味等待着某种当来不来的不可思议的东西，正像那个尾生在黄昏的桥下，一直等待着那位始终未出现的恋人一样。

没说出来的话

〔美〕理查德·恩·雷温斯通

晚饭过后，他走到我这边来，但我始终没告诉她，我多么盼望今天他也会来，我们谈了一两分钟，然后翻看一些旧照片。在照片里，我们大伙儿站着，个个眼睛里都露出年轻人的热情。我问她现在住在什么地方，有孩子没有，她说没有，只有丈夫和一只猫。我们都认为，这次和旧日同学聚会，真是一件乐事，接着我们便说再见。

当然，她看来比从前老了，但在她的脸上，我仍能见到很多年前在月下看到过而且从此念念不忘的那位少女。记得那天晚上散会时，我们凑巧一道离开，并肩沿着楼一侧的车道行走，我们都觉得那是个美丽的晚上。然后，他转过头来脸向着我，我见到她的黑色长发和温柔的乌溜溜的眼睛在月光映照下闪闪发亮，心里觉得她实在很美。我当时还觉得，我必须打电话约她出来玩，但我始终没有这样做。

现在我碰见了她，很想向他诉说我当夜的情怀，不过，联欢会并不是提起这些事的场合，我们参加联欢会是为了见见老朋友。而且，我们觉得有些话仍然说不出口，五十多岁了，我们还是鼓不起勇气说："我爱你。"

令我们伤心的，并不是那已逝去的时刻，不是再也不能在月下见到的那些少女，也不是生命中已消失的那些光阴，而是我们自己，以及那些老是等待下次说出的话。

麻雀

〔俄〕屠格列夫

我打猎回来，走在花园的林荫路上。风在猛烈地摇着路边的白桦树。狗在我面前奔跑。忽然，它缩小了脚步，开始悄悄地走，好像嗅到了前面有野物。

我顺着林荫路望去，看见一只小麻雀，嘴角嫩黄，头顶上有些茸毛。它或许由于大风从窝里跌了下来，一动不动地坐着，无望地张开两只刚刚长出来的小翅膀。

正当我的狗慢慢地向它走近的时候，突然间，从近旁的一棵树上，一只黑胸脯的老麻雀犹如一颗飞弹一样激射而下，落在狗鼻子尖的前面——全身羽毛竖起，完全变了形状，绝望而又可怜地尖叫着，一连两次扑向那牙齿锐利的、张大的狗嘴。

它是冲下来救护的，它用身体掩护着自己的幼儿……然而，它那整个小小的身体由于恐惧颤抖着，小小的叫声变得粗暴而嘶哑，它兀立着不动，它在自我牺牲！

在老麻雀的眼中，一只狗该是多么庞大的怪物啊！尽管如此，它不能安栖在高高的、毫无危险的枝头……一种力量，比它的意志更强大的力量，把它从那上边催促下来。

我的狗停住了，后退了……显然，连它也感觉到了这种力量。

我急忙唤住惊惶的狗，然后肃然起敬地走开。

或许有点可笑吧，但我的确肃然起敬，对那只小小的、英雄般的鸟儿，对它的爱的冲动肃然起敬。

爱，我想，比死和死的恐惧更强大。只是靠了它，只是靠了爱，生命才得以维持，才得以发展啊！

落叶树

〔日〕中江要介

北京的街道，国槐、白杨之类的落叶树很多，冬天到来时，树叶就纷纷飘零，只剩下光秃秃的树身，任凭寒风侵袭，冰雪堆积，始终傲然屹立街头。

落叶树之所以能够抗击冰雪严寒，是因为它能够很好地保护自己的根部。为了保护根部，它把自身的一部分——树叶，毫不吝惜地洒落地面，树叶慢慢化作肥料，被根部吸收，成为再生的源泉。

落叶树深深懂得：藏在土里的树根比露在地面的枝和干更重要。

春来时，光秃秃的树枝上吐出的新芽美极了。枝干渐渐长大，向天空挥舞手臂，努力表明自己的存在。

这种力量来源于根。

到了夏天，繁茂的枝叶感受烈日暴晒的痛苦，可它依然不动声色。这种忍耐是由于树荫挡住炽热的阳光使其根部的水分能得以保存的缘故。尽管骄阳似火，袒露的枝叶总要保护正在地下努力工作的树根——这使它们得以生存并蓬勃着生命。

总之，就是这样：时而落叶纷纷，时而郁郁葱葱；经受酷暑之苦也毫不介意，只要能保住根——生命的源泉。

落叶树这种坚韧不拔的精神激励着我。

我想，如果舍不得牺牲，故意逃避苦难，而疏于保护根，那便没有落叶树，也不会有大千世界的滔滔风云。

两条道路

〔英〕约翰·罗斯金

在新年之夜，一位上了年纪的人伫立在窗前。他抬起充满哀伤的眼睛，仰望着深蓝色的天空，星星在那里游移着，如同朵朵百合散落在清澈而平静的湖面上。接着他把目光投向地面，看到几个比他更加绝望的人正走向他们的终点——坟墓。在通往人生终点的道路上，他已经走过了六十个驿站，除了过失和悔恨之外，他一无所获。现在，他健康欠佳，精神空虚，心情忧郁，缺少晚年应有的舒适和安逸。

年轻时的时光如梦幻般浮现在他眼前，他回想起父亲将他放在人生道路的入口处时那个关键的时刻。当时，摆在他面前的有两条道路：一条通向和平宁静、阳光灿烂的地方，那里充满花果，回荡着柔和甜美的歌声；另一条则通向黑暗无底的深渊，那里流淌着毒汁而非清水，恶魔肆虐，毒蛇横行。

他仰望着天空，痛苦地叫喊："啊，青春，请回来吧！啊，父亲，请把我重新放到人生道路的起点上吧，我将会做出更好的选择。"然而父亲和他的青春都已离他远去。

他看着灯光被黑暗吞没，那就是他虚度的时光；他看见一颗星星从空中陨落、消逝，那正是他自身的写照，悔恨如同利剑深深刺进他的心脏。然后，他回想起儿时的朋友，他们曾与他一同踏上人生的旅程，现在已走在成功的道路上，受到人们的尊敬，此时正沉浸在欢度新年的幸福中。

教堂高塔上的钟声敲响了，这让他回忆起父母早年对他的爱，他们曾给予他谆谆教诲，曾为他的幸福向上帝祈祷。但他偏偏选择人生的歧途。羞愧和忧伤使他再也不敢正视他父亲所在的天堂。他双眼无神，饱含着泪水，在绝望中，他奋力高喊："回来吧，我那逝去的岁月！回来吧！"

他的青春真的回来了，因为上面所发生的一切只不过是他在新年所做的一场梦。他依然年轻，当然他也曾真的犯过错误，但还不至于堕入黑暗深渊，他仍然可以自由地走在通向宁静和光明的道路上。

正在人生路口徘徊，正在犹豫是否要选择光明大道的年轻人啊，你们一定要记住：当你青春已逝，在黑暗的群山中举步维艰、跌跌撞撞的时候，你才会痛心疾首、徒劳无功地呼喊："啊，回来吧，青春！啊，把我美好的年华还给我吧！"

你的第一个责任

〔德〕费尔巴哈

生活的基础也就是道德的基础。如果由于饥饿，由于贫穷，你腹内空空，那么不论在你的头脑中、在你的心中或在你的感觉中，都不会有道德的基础和资料。

于是，你的第一个责任便是使自己幸福。只有你自己幸福，你才能使别人幸福；幸福的人，都希望在自己的周围能看到幸福的人。

因为生活的基础也是道德的基础，所以在野蛮时代不被认为不道德的事情，在文明时代就会被认为是不道德的。

我的良心的呼声不是独立的呼声，它不是由蔚蓝的天空响彻下来的呼声或以某种自然发生的神奇方式由自身发生出来的呼声；它只是受我损害者的苦痛叫喊的回声，也是一个由于侮辱了别人而同时侮辱了自己的人的有罪判决的回声。

正如受到外部因素约束性的、强迫性的限制的权利，使我的追求幸福的愿望同你的以及别人的追求幸福的愿望取得协调那样，受到内心亲切的、诚恳的和自愿的限制的道德，也使我追求幸福的愿望同你的以及别人的追求幸福的愿望取得一致。

我的权利就是法律所承认的我的追求幸福的愿望；我的义务就是我必须承认别人追求幸福的愿望。

启　示

〔黎巴嫩〕纪伯伦

夜渐渐深沉，睡眠把它的斗篷覆盖在大地的脸上。

这时我离开了我的床，去寻找大海，我同我自己说："大海永不睡眠，大海的清醒不眠给失眠的灵魂带来安慰。"

我到达海滨的时候，大雾已经从山顶上降落下来，遮盖着世界，就像面纱装饰着少女的脸。

我站在海滨凝望着波涛，谛听着涛声，思索着藏在波涛后面的力量——这力量与风暴一起奔腾，与火山一起咆哮，与嫣然的花朵一起微笑，与潺潺的溪流一起奏乐。

过了一会儿，我转过身来。嗨，我瞧见三个人影儿在附近的一块岩石上，我看到雾霭掩着我们，可又遮掩不了。

被某种我不知道的力量所吸引，我慢慢地向他们所坐的岩石走去。我站在离岩石几步路的地方，凝望着他们。因为那儿有一种魔力，它使我的目的明朗化具体化了，并且触动了我的幻想。

这时候三个人影儿中有一个站起来了，他用一种在我听起来像是发自大海深处的声音说道："没有爱情的生命像是没有花或果的树，而没有美的爱情就像是没有芳香的花，没有种子的果。生命、爱情、美，三者统一于一个自我，自由自在，无穷无限，既不知变化，又不会分离。"

他说罢就重新坐在他的位置上。

第二个站起来了，用一种像是激流奔腾澎湃的声音说道："没有反抗的生命像是没有春天的季节，而没有正义的反抗就像是春天埋没在干旱荒芜的沙漠。生命、反抗、正义，三者统一于一个自我，其中既无变化，又无分离。"

他说罢也重新坐在他的位置上。

然后第三个站起来了，用像是雷鸣隆隆的声音说道："没有自由的生命像是没有心灵的肉体，而没有思想的自由就像是个混淆是非黑白的心灵。生命、自由、思想，三者统一于一个永恒的自我，既不消失，又不化为乌有。"

接着，三个人都站了起来，用庄重威严的声音说道："爱情和爱情所产生的一切，反抗和反抗所创造的一切，自由和自由所孕育的一切，这三者是神祇的三个方面——而神祇乃有限的和有意识的世界之无限无穷的心灵。"

随之而来的是寂静，寂静中充满了看不见的翅膀的振动以及缥缈的身体的战栗。

我闭上了眼睛，静听着我所听见的格言的回声。

当我张开眼睛的时候，我只看见大海藏在一条雾霭毛毯之下。

我向岩石走过去。

我只看见一炷香冉冉升向天空。

生命的路

〔中〕鲁　迅

想到人类的灭亡是一件大寂寞大悲哀的事；然而若干人们的灭亡，却并非寂寞悲哀的事。

生命的路是进步的，总是沿着无限的精神三角形的斜面向上走，什么都阻止他不得。

自然赋予人们的不调和还很多，人们自己萎缩堕落退步的也还很多，然而生命决不因此回头。无论什么黑暗来防范思潮，什么悲惨来袭击社会，什么罪恶来亵渎人道，人类的渴仰完全的潜力，总是踏了这些铁蒺藜向前进。生命不怕死，在死的面前笑着跳着，跨过了灭亡的人们向前进。

什么是路？就是从没路的地方践踏出来的，从只有荆棘的地方开辟出来的。

以前早有路了，以后也该永远有路。

人类总不会寂寞，因为生命是进步的，是乐天的。

昨天，我对我的朋友 L 说："一个人死了，在死者自身和他的眷属是悲惨的事，但在一村一镇的人看起来不算什么；就是一省一国一种……"

L很不高兴，说，“这是Nature（自然）的话，不是人们的话。你应该小心些。”

我想，他的话也不错。

生活是美好的

〔俄〕契诃夫

生活是极不愉快的玩笑，不过要使它美好却也不很难。为了做到这点，光是中头彩赢万卢布，得个“白鹰”勋章，娶个漂亮女人，以好人出名，还是不够的———这些福分都是无常的，而且也很容易习惯。

为了不断地感到幸福，那就需要：（一）善于满足现状；（二）很高兴地感到“事情原本可能更糟呢”。这是不难的。

要是火柴在你的衣袋里燃了起来，那你应当高兴，而且感谢上苍：多亏你的衣袋不是火药库。

要是有穷亲戚上别墅来找你，那你不要脸色发白，而要喜洋洋地叫道：“挺好，幸亏来的不是警察！”

要是你的手指头扎了一根刺，那你应当高兴：“挺好，多亏这根刺不是扎在眼睛里！”

如果你的妻子或者小姨练钢琴，那你不要发脾气，而要感激这份福气：你是在听音乐，而不是在听狼嗥或者猫叫。

你该高兴，因为你不是拉长途马车的马，不是寇克的“小点”，不是旋毛虫，不是猪，不是驴，不是茨冈人牵的熊，不是臭虫……

你要高兴，因为眼下你没有坐在被告席上，也没有债主在你面前，更没有跟主编土尔巴谈稿费问题。

如果你不是住在十分边远的地方，那你一想到命运总算没有把你送到边远地方去，岂不觉着幸福？要是你有一颗牙痛起来，那你就该高兴：幸亏不是满口的牙痛。

你该高兴，因为你居然可以不必读《公民报》，不必坐在垃圾车上，不必一下子跟三个人结婚……

要是你被送到警察局去了，那就该乐得跳起来，因为多亏没有把你送到地狱的大火里去。

要是你挨了一顿桦木棍子的打，那就该蹦蹦跳跳，叫道："我多有运气，人家总算没有拿带刺的棒子打我！"

要是你妻子对你变了心，那就该高兴，多亏她背叛的是你，不是国家。

依此类推……朋友，照着我的劝告去做吧，你的生活就会欢乐无穷了。

翡冷翠山居闲话

〔中〕徐志摩

在这里出门散步去，上山或是下山，在一个晴好的五月的向晚，正像是去赴一个美的宴会，比如去一果子园，那边每株树上都是满挂着诗情最秀逸的果实，假如你单是站着看还不满意时，只要你一伸手就可以采取，可以恣尝鲜味，足够你性灵的迷醉。阳光正好暖和，决不过暖；风息是温驯的，而且往往因为他是从繁花的山林里吹度过来，他带来一股幽远的淡香，连着一息滋润的水汽，摩挲着你的颜面，轻绕着你的肩腰，就这单纯的呼吸已是无穷的愉快；空气总是明净的，近谷内不生烟，远山上不起霭，那美秀风景的全部正像画片似的展露在你的眼前，供你闲暇的鉴赏。

作客山中的妙处，犹在你永不需踌躇你的服色与体态；你不妨摇曳着一头的蓬草，不妨纵容你满腮的苔藓；你爱穿什么就穿什么；扮一个牧童，扮一个渔翁，装一个农夫，装一个走江湖的吉卜赛，装一个猎户；你再不必提心整理你的领结，你尽可以不用领结，给你的颈根与胸膛一半日的自由，你可以拿一条镶边艳色的长巾包在你的头上，学一个太平军的头目，或是拜伦那埃及装的姿态；但最要紧的是穿上你最旧的旧鞋，别管他模样不佳，他们是顶可爱的好友，他们承着你的体重却不叫你记起你还有一双脚在你的底下。

这样的玩顶好是不要约伴，我竟想严格的取缔，只许你独身；因为有了伴多少总得叫你分心，尤其是年轻的女伴，那是最危险最专制不过的旅伴，你应得躲避她像你躲避青草里一条美丽的花蛇！平常我们从自己家里走到朋友的家里，或是我们执事的地方，那无非是在同一个大牢里从一间狱室移到另一间狱室去，拘束永远跟着我们，自由永远寻不到我们；但在这春夏间美秀的山中或乡间，你要是有机会独身闲逛时，那才是你福星高照的时候，那才是你实际领受，亲口尝味自由与自在的时候，那才是你肉体与灵魂行动一致的时候；朋友们，我们多长一岁年纪，往往只是加重我们头上的枷，加紧我们脚胫上的链，我们见小孩子在草里在沙堆里在浅水里打滚作乐，或是看见小猫追他自己的尾巴，何尝没有羡慕的时候，但我们的枷，我们的链永远是制定我们行动的上司！所以只有你单身奔赴大自然的怀抱时，像一个裸体的小孩扑入他母亲的怀抱时，你才知道灵魂的愉快是怎样的，单是活着的快乐是怎样的，单就呼吸单就走道单就张眼看耸耳听的幸福是怎样的。因此你得严格的为己，极端的自私，只许你，体魄与性灵，与自然同在一个脉搏里跳动，同在一个音波里起伏，同在一个神奇的宇宙里自得。我们浑朴的天真是像含羞草似的娇柔，一经同伴的抵触，他就卷了起来，但在澄静的日光下，和风中，他的姿态是自然的，他的生活是无阻碍的。

你一个人漫游的时候，你就会在青草里坐地仰卧，甚至有时打滚，因为草的和暖的颜色自然唤起你童稚的活泼；在静僻的道上你就会不自主的狂舞，看着你自己的身影幻出种种诡异的变相，因为道旁树木的阴影在他们迂徐的婆娑里暗示你舞蹈的快乐；你也会得信口的歌唱，偶尔记起断片的音调，与你自己随口的小曲，因为树林中的莺燕告诉你春光是应得赞美的；更不必说你的胸襟自然会跟着漫长的山径开拓，你的心地会看着澄蓝的天空静定，你的思想和着山壑间的水声，山罅里的泉响，有时一澄到底的清澈，有时激起成章的波动，流入凉爽的橄榄林中，流入妩媚的阿诺河去……

并且你不但不需应伴，每逢这样的游行，你也不必带书。书是理想的伴侣，但你应得带书，是在火车上，在你住处的客室里，不是在你独身漫步的时候。什么伟大的深沉的鼓舞的清明的优美的思想的根源不是可以在风籁中，云彩里，山势与地形的起伏里，花草的颜色与香息里寻得？自然是最伟大的一部书，歌德说，在他每一页的字句里我们读得最深奥的消息。并且这书上的文字是人人懂得的；阿尔卑斯与五老峰，雪西里与普陀山，莱茵河与扬子江，梨梦湖与西子湖，建兰与琼花，杭州西溪的芦雪与威尼斯夕照的红潮，百灵与夜莺，更不提一般黄的黄麦，一般紫的紫藤，一般青的青草同在大地上生长，同在和风中波动——他们应用的符号是永远一致的，他们的意义是永远明显的，只要你自己性灵上不长疮瘢，眼不盲，耳不塞，这无形迹的最高等教育便永远是你的名分，这不取费的最珍贵的补剂便永远供你的受用；

只要你认识了这一部书，你在这世界上寂寞时便不寂寞，穷困时不穷困，苦恼时有安慰，挫折时有鼓励，软弱时有督责，迷失时有南针。

我现在就付诸行动

〔美〕奥格·曼狄诺

我的幻想毫无价值，我的计划将石沉大海，我的目标将不会达到。一切的一切都只是白日做梦——除非我们付诸行动。

我现在就付诸行动。

一张地图，不论多么详尽，比例多么精确，它永远不可能带着它的主人在地面上行走半步。一个国家的法律，不论多么公正、严明，永远不可能防止罪恶的发生。任何宝典，即使我手中的羊皮卷，永远不可能创造财富。唯有行动才能使地图、法律、宝典、梦想、计划、目标具有实在意义。行动，像食物和水一样，它滋润我，使我成功。

我现在就付诸行动。

拖延使我裹足不前，它来自恐惧。现在我从所有勇敢的心灵深处，了解到这一秘密。我知道想克服恐惧必须毫不犹豫，起而行动，只有如此，心中的慌乱才可以得到平定。现在我知道行动会使猛狮般的恐惧，减缓为蚂蚁般的平静。

我现在就付诸行动。

此刻我要牢记萤火虫的启迪：只有在振翅的时候才能发出光芒。我要成为一只萤火虫，即使在艳阳高照的白天我也要发出光芒。别像蝴蝶一样，舞动翅膀，靠花朵的施舍生活。我要做萤火虫，照亮大地。

我现在就付诸行动。

我决不把今天的事情留给明天，因为我已深知明天是永远不会来临的。现在就付诸行动吧！即使我的行动不会带来快乐与成功，但只要我已行动过，就足以把那些坐以待毙者比下去。行动也许不会结出快乐的果实，但没有行动，所有的果实都得不到收获。

我现在就付诸行动。

立刻行动！立刻行动！立刻行动！从今往后，我要一遍又一遍，每时每刻默诵这句话，直到成为习惯，好比呼吸一般，好比眨眼一样，成为本能。有了这句话，我就能调整自己的情绪，迎接失败者避而远之的每一次挑战。

我现在就付诸行动。

我一遍又一遍地重复这句话。

清晨醒来时，失败者流连于床榻，我却要想到这句话，然后开始行动。

我现在就付诸行动。

外出推销时，失败者还在考虑是否会遭到拒绝的时候，我要想到这句话，面对第一个来临的顾客。

我现在就付诸行动。

面对紧闭的大门时，失败者怀着恐惧与惶惑的心情，在门外等候，我却想到这句话，随即上前敲门。

我现在就付诸行动。

面对诱惑时，我想到这句话，远离罪恶。

我现在就付诸行动。

只有行动才能决定我在商场上的价值。若要加倍我的价值，我必须加倍努力。我要前往失败者惧怕的地方。当失败者休息的时候，我要继续工作。当失败者沉默的时候，我开口推销，我要拜访十户可能买我东西的人家，而失败者在一番周详的计划之后，却只拜访一家。在失败者认为太晚时，我能够骄傲地说大功告成。

我现在就付诸行动。现在是我的所有。明天是为懒汉保留的工作日，我并不懒惰。明天是弃恶从善的日子，我并不邪恶。明天是弱者变强者的日子，我并不软弱。明天是失败者借口成功的日子，我并不是失败者。

我现在就付诸行动。

我是雄狮，我是苍鹰，饥即食，渴即饮。除非行动，否则就此灭亡。

我渴望成功、快乐，心灵的平静。除非行动，否则我将在失败、不幸、夜不成眠的日子中奄奄一息。

我向自己发布命令并且必须服从自己的命令。

成功不是等待。如果我迟疑，她会投入别人的怀抱，永远弃我而去。

我现在就付诸行动。

投入生活

〔美〕鲍森·布朗·沃尔夫

每天早晨的公交车站都会有站立着各种姿态等车的人，也许你也是其中之一。但不论如何，只要你肯加入到他们行列中去，那么总是好的，因为等待表示仍有期待，结束更意味着另一个开端。

生命犹如等公共汽车，当你面临着上班快要迟到却无可奈何时，你可以选择另一条近道。面临工作退休、寡居、离婚或是面临空巢期的中年夫妻，对生活中骤然的改变，刚开始难免无法适应，但若长期痴迷于这种生活突变的痛苦之中不能自拔，那么这跟行尸走肉有何区别？俗语说得好："山重水复疑无路，柳暗花明又一村。"当我们遭遇突变而来的绝境，其实，我们可以重新正视自己的生活而大干一场。

世界上死心眼的人非常之多，他们非要等到把一件事完成好以后，才会开始着手干另一件事。好不容易等到这事完成，一生的时间已过去了一半，往日的勇气冲劲也早已不存在，或是原先与自己分享生命的伴侣早已循陌路远去。大自然给予每个人的时间法宝都是等值的。然而，同样的十年，有人可以坐视它悄然而逝，有人却轰轰烈烈闯出了半壁江山。你想成为他们中的前者或是后者，你自己看着办。

如果你每天都坐在那里等待着幸运女神的关照，那么我劝你最好做个"空想家"。新生活要从现在开始，一旦决定自己想要的生活方式即刻着手计划，说做就做。就算是一切得从头再来，又有什么关系？只要把握住机会，活得有劲就好。不论你面临着什么，千万不可浪费你的一分一秒。

你的人生充不充实，关键在于你对待人生的态度。如果此时此地的生活并不快乐，何不勇敢地尝试改变呢？把它看做是一次创新的机会，或许会因此而带来欢乐。选择自己喜欢的事情来做，马上动手，不要再空等、空想。现在就开始，一切都还不迟。

雏　菊

〔法〕雨　果

前几天我经过文宪路，一座连接两处六层高楼的木栅栏引起了我的注意。它投影在路面上，透过拼合得不严紧的木板，阳光在影子上画线——吸引人的平行金色条纹，像文艺复兴时期美丽的黑缎上所见的。我走近前去，往板缝里观看。

这座栅栏今天所围住的是两年前，一八三九年六月被焚毁的滑稽歌舞剧院的场地。

午后两点，烈日炎炎，路上空无人迹。一扇灰色的门，大概是单扇门，两边隆起中间凹下，还带洛可可式的装饰，可能是百年前爱俏的年轻女子的闺门，正安装在栅栏上。只要稍稍提起插栓就开了。我走了进去。

凄凄惨惨，无比荒凉，满地泥灰，到处是大石块，曾经加过粗工的被遗弃在那里等待，苍白如墓石，发霉像废墟。场里没有人。邻近的房屋墙上留有明显的火焰与浓烟痕迹。

可是，这块土地，火灾以后已遭受两个春天的连续毁坏，在它的梯形的一隅，在一块的正变绿的巨石下面，延伸着埋葬虫与蜈蚣的地下室。巨石后面的阴暗处，长出了一些小草。

我坐在石上俯视这棵植物。

天啊！就在那里，长出了一棵世界上最美丽的小小的雏菊，一只可爱的小小的飞虫绕着雏菊娇艳地来回飞舞。这朵花安静地生长，遵循大自然的美好的规律，在泥土中，在巴黎中心，在这两条街道中间，离王宫广场两步，离骑兵竞技场四步，在行人、店铺、出租马车、公共马车和国王的四轮华丽马车之间。这朵花，这朵临近街道的田野之花激起我无穷无尽的遐想。

十年前，谁能预见日后有一天在那里会长出一朵雏菊！如果说在这原址上，如像旁边的地面上，从没有别的什么，只有许多房屋，就是说房产业主，房客和看门人，以及夜晚临睡前小心翼翼的灭烛熄火的居民，那么在这里绝对不会长出田野的花。

这朵花凝结了多少事物，多少失败和成功的演出，多少破产的人家，多少意外的事故，多少奇遇，多少突然降临的灾难！对于每晚被吸引到这里来生活的我们这班人，如果两年前眼中出现这朵花，这帮人骇然会把它当做幽灵！命运是多么作弄人的迷宫，多少神秘的安排，归根结底，终于化为这洁光四射的悦目的小小黄太阳！

必须先要有一座剧院和一场火灾，即一个城市的欢乐和一个城市的恐怖，一个是人类最优美的发明，一个是最可怕的天灾，三十年的狂笑和三十小时的滚滚火焰，才生长出这朵雏菊，赢得这飞虫的喜悦！

对善于观察的人，最渺小的事物往往就是最重大的事物。

昼夜

〔印度〕格里斯高

红日西沉，地平线上最后一抹金晖渐渐消失在暮霭的黑幔后面。夜阑姗姗来临了。

白昼以光明，夜阑以黑暗，轮番地叩击我们的生活，在我们的心弦弹拨什么乐曲？日复一日，在我们中间创造的奇妙韵律，富有怎样深厚的意蕴？昼夜有规律的现隐，如同昊天的脉动，我们在其间成长起来。我们的生活领域里难道不曾凝集每日明暗转换的含义？每年雨季，洪水淹没滩地，到了秋季，滩地从水中升起，为播种储存了足够的养料，雨季和秋季的往返，不曾在滩地一层层地撰写历史？

白昼之后夜的降临，夜阑之后白昼的崛起，这美妙的奇迹，愿我们不被习惯束缚，视而不见！落日在西天倏地合上光的经典，飘然而去；夜阑在太空无数不瞬的星斗面前，用手指无声地翻开新的经典的一页。对我们说来，这绝非区区小事。

这极短时光内的变幻，何等奇谲，何等广远！世界顷刻之间那么轻易地从一种意境跨入另一种意境，中间没有对抗，没有死离生别的巨大打击。前者的终止和后者的开端之间显现多么温雅的宁静，多么安详的绮丽！

日光下，万物的差异清晰地裸露在我们眼前。日光拉开人与人之间的距离，精确地测定我们每个人的界限，各自的工作表明我们各自的特点。勤奋工作的摩擦中，难免产生矛盾。我们个个施展才华，力图战胜自己。对我们来说，各自的工作场所，比其他广阔的领域乃至宇宙还要宏阔；事业的引力比其他任何事情的引力要高尚得多。

不久，身着暗蓝罗衫的夜阑悄然来到人世，她纤指轻柔地摩挲，一霎间模糊了我们外在的差别，于是，我们得以在心中体验彼此间广泛的一致性。夜阑是爱情和团聚的吉时。

在夜阑这个特殊的节日，地球回到母亲幽暗的卧房。

地球呱呱坠地的黑暗中，光泉涓涓涌流的黑暗中，世上各种演化静静地积蓄着力量，形态各异的疲惫沉浸酣眠的琼浆中，酝酿着新生活，从冷寂幽黑的深处腾跃的璀璨的白昼，有如沧海飞向空中又回归沧海的浪花。黑夜对我们显露的大多于它所隐藏的。若无黑夜，我们无从获得他世的讯息，日光会把我们囚禁在牢狱里。

黑夜每日一次开启日光的金碧辉煌的西门，引领我们进入宇宙的内宫，把宇宙母亲的一条蓝裙盖在我们身上。儿女偎依母亲的胸怀时，什么也看不见，什么也听不见，但实实在在感觉到母亲温暖的身体，这种感觉较注视和聆听更为真切。同样，阒然无声的夜晚能安静我们的视觉、听觉。我们躺在床上，胸口是那样深切地感受到宇宙和宇宙母亲。自身的欠缺、能力、职责，不会扩张着形成我们四周的壁垒。强烈的差别感，不会离间我们，使我们处于分隔的状态。宇宙的气息，通过珍贵的静谧扑面而来，床头可以感受宇宙母亲投来的亲切目光。

我们的夜的节日，是隐秘而无处不在的宇宙母亲的寝宫里的节日。我们过节忘却了劳作，忘却了纷争，忘却了怨恼，像乞儿观瞻着她的慈颜，异日同声地说：需要的时候，我向您乞求解饿的食物、工作的勇气、旅行的川资。此刻，摈弃一切需求，我走进您的寝宫，不是来向您伸手的。我盼望您抚摸我，宽宥我，接受我。在你夜的无边大海里沐浴的世界，服饰闪光，额际洁净，屹立在曙光中的时际，让我与他站在一起，毫无倦意，无恼无烦，由衷地说：祝愿大家吉祥如意。我瞻仰了万物中的生存者，我没有贪欲，只享受他施予的供养。

早晨，他是我们的父亲，把我们送到外面的工作场所，交代任务。晚上，他是我们的母亲，接我们返回内宅，卸去我们的责任。我们的生活在昼夜两种不同的氛围中运动，亮光和幽暗的画笔，把我们生死的神秘的形象画得异常生动。

幸福是什么

〔美〕丽莎·普兰特

幸福是什么？在我看来，幸福来源于“简单生活”。文明只是外在的依托，成功、财富只是外在的荣光，真正的幸福来自于发现真实独特的自我，保持心灵的宁静。

有人问我，“简单生活”是否意味着苦行僧般的清苦生活，辞去待遇优厚的工作，靠微薄的存款过活，并清心寡欲？这是对“简单生活”的误解。“简单”意味着“悠闲”，仅此而已。丰富的存款，如果你喜欢，那就不要失去，重要的是要做到收支平衡，不要让金钱给你带来焦虑。无论是中产阶级，还是收入微薄的退休工人，都可以生活得尽量悠闲、舒适，在过“简单生活”这一点上人人平等。这个时代，不是人人都必须像梭罗一样带上一把斧子走进森林，才能获得平静安逸的感觉。关键是我们对待生活的方式，是我们是否愿意抵制媒体、商业向我们大力促销的“财富中心论”，是我们如何在日常生活中挖掘、发展生命的热情、真实和意义。

简单，是平息外部无休无止的喧嚣，回归内在自我的唯一途径。当我们为拥有一幢豪华别墅、一辆漂亮小汽车而加班加点地拼命工作，每天晚上在电视机前疲惫地倒下；或者是为了一次小小的提升，而默默忍受上司苛刻的指责，并一年到头赔尽笑脸；为了无休无止的约会，精心装扮，强颜欢笑，到头来回家面对的只是一个孤独苍白的自己的时候，我们真该问问自己干吗这样，它们真的那么重要吗？

简单的好处在于：也许我没有海滨前华丽的别墅，而只是租了一套干净漂亮的公寓，这样我就能节省一大笔钱来做自己喜欢的事，比如旅行或者是买上早就梦想已久的摄影机。我也再用不着在上司面前唯唯诺诺，我自己就是自己的主人，提升并不是唯一能证明自己的方式，很多人从事半日制工作或者是自由职业，这样他们就有更多的时间由自己支配。而且如果我不是那么忙，能推去那些不必要的应酬，我将可以和家人、朋友交谈，分享一个美妙的晚上。

我们总是把拥有物质的多少、外表形象的好坏看得过于重要，用金钱、精力和时间换取一种有目共睹的优越生活，却没有察觉自己的内心在一天天枯萎。事实上，只有真实的自我才能让人真正地容光焕发，当你只为内在的自己而活，并不在乎外在的虚荣时，幸福感才会润泽你干枯的心灵，就如同雨露滋润干涸的土地。

我们需求得越少，得到的自由就越多。正如梭罗所说："大多数豪华的生活以及许多所谓的舒适的生活，不仅不是必不可少的，反而是人类进步的障碍。对于豪华和舒适，有识之士更愿过比穷人还要简单和粗陋的生活。"简朴、单纯的生活有利于清除物质与生命本质之间的樊篱。为了认清它，我们必须从清除嘈杂声和琐事开始，认清我们生活中出现的一切：哪些是我们必须拥有的，哪些是必须丢弃的。

多一份舒畅，少一份焦虑；多一份真实，少一份虚假；多一份快乐，少一份悲苦。这就是简单生活所追求的目标。外界生活的简朴将带给我们内心世界的丰富，从而我们将发现新生活在面前敞开，我们将变得更敏锐，能真正深入、透彻地体验和理解自己的生活，我们将为每一次日出、草木无声的生长而欣喜不已，我们将重新向自己喜爱的人们敞开心扉，表现真实的自然，热情地置身于家人、朋友之中，彼此关心，分享喜悦，真诚以对。那时我们将发现不能接近他人，因隔阂而不能相互沟通，不过是匆忙、疲惫造成的假象。只有当我们轻松下来，开始悠闲的生活才能体验亲密和谐，友爱无间。我们将不是在生活的表面游荡不定，而是深入进去，聆听生活本质的呼唤，让生活变得更有意义。

美的真谛

〔俄〕邦达列夫

人如同感知般地对大自然的反映是否就是美的真谛？

我在想，我们的地球，这宇宙中鲜花盛开的神奇花园，连同它的日出日落，空气清新的早晨，星光闪烁的夜晚，冰冻的严寒，炎热的太阳，连同它全部的光明，凉快的阴影，七月的彩虹，夏秋的薄雾，雨水和白雪——我想象，我们这个地球无可补救地变成了无人的荒寂。好吧，请想象一下：在地球上再也没有人，在城市的石头走廊上，在荒野的草地上，到处只是一片沙沙作响的空旷；没有一点人声、笑声，甚至也没有一声绝望的喊叫来打破这沉寂。

在这空无一人的冰冷的寂静中，我们美丽的地球立即就失去了作为宇宙空间里人类之舟和尘世俗地的最高意义，并且它的美一下子就丧失殆尽，消失得无影无踪。因为没有了人，美也就不能在他的身上和意识里反映出来，不能被他所认识。那么美又对谁而言？对何而言？

美不能像精确的思维和细致的理智一样能自我认识。美中之美和为美而美是毫无意义的，是荒谬的和不现实的。事实上这就像为理智的理智一样，在这种消耗性的内省中没有自由的竞争，没有吸引或排斥，没有活的呼吸，因而它注定要死亡。

美必须要有反映，要有明智的评价者，有善良或赞赏的旁观者。须知美感——这是对生活、爱和希望的感受——是对永生的臆想和信心，会唤起我们生的愿望。

美与生命连在一起，生命与爱连在一起，而爱则和人类连在一起。一旦这些联系的纽带中断，大自然中的美就会和人类一起灭亡。

死亡的地球上最后一位艺术家所写的书，尽管它充满了最富有天才的和谐的美，至多也只是一堆废纸和垃圾。因为书的目的不是对着虚无喊叫，而是在另一个人心灵中引起反应，是思想的传递和感情的转移。

汇集了全部美的世界上所有的博物馆，所有的绘画杰作，如果离开了人类，看起来就像是一些可怕的、五颜六色的破板棚。

没有人类，艺术的美会变得乖戾丑陋，就是说变得比自然的丑更无法忍受。

负重

〔奥地利〕里尔克

我们总是必须将最重的东西当成基础，而那也正是我们所肩负的任务。

人生重重地压在我们的身上，它的重量越重，我们就越能深入人生之中。必须生活在我们身边的不是快乐，而是人生。

生非得这样不可。假如有许多人在年轻时便急着把人生变得前卫且肤浅，或是将人生变得轻率且轻浮的话，他们只是放弃了认真地接受人生乐趣及放弃了真正担当人生责任的机会，而靠着自己最固有的本性去感受人生，并且停止了追求生命价值的努力。

但是，这对人生而言，并不意味着任何的进步。这只是意味着抗拒人生无限的宽广与其可能性的表示。而我们被要求的是——去爱惜重大的任务及学习与重大任务交往。

在重大任务中，隐藏着好意的力量，也隐藏了使我们变成有用之才的机会，及带给我们生之使命。

我们也应该在重大的任务中，拥有我们自己的喜悦、幸福及梦想。我们只要将这美丽的背景放到我们的眼前，幸福与喜悦就会清楚地浮现出来，这样我们才能开始体会其中之美。

我们高贵微笑在重大任务的黑暗中，也拥有某种意味。那就是——我们只能在这个黑暗中，当它犹如梦幻般的光在一瞬间大放光明时，清楚地看见围绕在我们身边的奇迹与宝藏。

未上锁的门

〔英〕凯瑟琳·金

在苏格兰的格拉斯哥，一个小女孩像今天许多年轻人一样，厌倦了枯燥的家庭生活和父母的管制。

她离开了家，决定要做世界名人。可不久，她每次满怀希望求职时，都被无情地拒绝了。她只能走上街头，开始出卖肉体。许多年过去了，她的父亲死了，母亲也老了，可她仍在泥沼中醉生梦死。

这期间，母女从来没有联系。可当母亲听说女儿的下落后，就不辞辛苦地找遍全城的每个街区，每条街道。她每到一个收容所，都停下脚步，哀求道：“请让我把这幅画贴在这儿，好吗？”

画上是一位面带微笑、满头白发的母亲，下面有一行手写的字：“我仍然爱着你……快回家！”几个月过去了，没有什么变化。

有一天，桀骜的女孩懒洋洋地晃进一家收容所，那儿，有的是一份免费午餐正等着她。她排着队，心不在焉，双眼漫无目的地从告示栏里随意扫过。

就在那一瞬，她看到一张熟悉的面孔："那会是我的母亲吗？"

她挤出人群，上前观看。不错！那就是她的母亲，底下有行字："我仍然爱着你……快回家！"她站在画前，泣不成声，这会是真的吗？

这时，天已黑了下来，但她不顾一切地向家奔去。当她赶到家的时候，已经是凌晨了。站在门口，任性的女儿迟疑了一下，该不该进去？终于她敲响了门，奇怪！门自己开了，怎么没锁？不好！一定有贼闯了进去。记挂着母亲的安危，她三步并作两步冲进卧室，却发现母亲正安然地睡觉。她把母亲摇醒，喊道："是我！是我！女儿回来了！"

母亲不敢相信自己的眼睛。她擦干眼泪，果真是女儿。娘儿俩紧紧抱在一起，女儿问："门怎么没有锁？我还以为有贼闯了进来。"

母亲柔柔地说："自打你离家后，这扇门就再也没有上锁。"

野　草

〔中〕夏　衍

有这样一个故事。

有人问：世界上什么东西的气力最大？回答纷纭的很，有的说"象"，有的说"狮"，有人开玩笑似的说是"金刚"，金刚有多少气力，当然大家全不知道。

结果，这一切答案完全不对，世界上气力最大的，是植物的种子。一粒种子所可以显现出来的力，简直是超越一切。

这儿又是一个故事。

人的头盖骨，结合得非常致密与坚固，生理学家和解剖学者用尽了一切的方法，要把它完整地分出来，都没有这种力气，后来忽然有人发明了一个方法，就是把一些植物的种子放在要剖析的头盖骨里，给它以温度与湿度，使它发芽，一发芽，这些种子便以可怕的力量，将一切机械力所不能分开的骨骼，完整地分开了，植物种子力量之大，如此如此。

这，也许特殊了一点，常人不容易理解，那么，你看见过笋的成长吗？你看见过被压在瓦砾和石块下面的一棵小草的生成吗？它为着阳光，为着达成它的生之意志，不管上面的石块如何重，石块与石块之间如何狭，它必定要曲曲折折地，顽强不屈地透到地面上来，它的根往土壤钻，它的芽往地面挺，这是一种不可抗拒的力，阻止它的石块，结果也被它掀翻，一粒种子的力量之大，如此如此。

没有一个人将小草叫做“大力士”，但是它的力量之大，的确是世界无比。这种力，是一般人看不见的生命力，只要生命存在，这种力就要显现，上面的石块，丝毫不足以阻挡，因为它是一种“长期抗战”的力，有弹性，能屈能伸的力，有韧性，不达目的不止的力。

种子不落在肥土而落在瓦砾中，有生命力的种子决不会悲观和叹气，因为有了阻力才有磨炼。生命开始的一瞬间就带了斗争来的草，才是坚韧的草，也只有这种草，才可以傲然地对那些玻璃棚中养育着的盆花哄笑。

寻找生之乐园

〔瑞士〕希尔提

当你的心灵全然寂静的时候，不妨自问：“我真正盼望的是什么？”然后老老实实地回答！

过着没有工作也不必担心生计的豪奢生活，享尽天下的荣华富贵，这大概是某些人想象中的乐园生活吧！但这种生活在我们的文明社会中，可以说是不存在的。亦即，你在这辈子必然无法获得这样的生活。

那么，你为什么不盼望有个工作，在正确思想的引导下，过着舒畅、稳定而无压力的生活呢？这件事是任何人都做得到的，只要心中强烈地希望过那样的生活，并且朝着那条道路前进。

大部分人都不知道自己在期望些什么，甚至很少会真正去思考这方面的问题。有些人期望去做根本不可能达到的事，结果徒劳无功；也有些人一直在变更期望，因此一事无成。但那些对自己力所能及的事情始终抱着积极态度的人，常能完成在别人眼中不可能完成的事。

不过，必须注意的是，即使有积极的态度，仍须按部就班地去做。人生的全部阶段，不是任意飞越得了的，低年级不可妄求高年级的事，否则就会连自身最基本的义务都无法履行。

智者与庸人

〔哈萨克斯坦〕阿　拜

我发现智者与庸人有一点明显的不同。

首先，人来到世上，对周围的一切并不会无动于衷。一个人对自己兴趣所至一旦执著追求，终会在他人生之旅留下一段最美好的回忆。

于是，智者全身心地投入他所认定的事业中，致力于不断追求，不断探索，乐在其中。对他而言，可谓人生无悔。

庸人往往漫无目的，庸庸无才，碌碌无为，虚度光阴，虚度年华，虽终日后悔不迭，但也于事无补。年轻时总喜欢朝三暮四，显得无所不能，似乎对他来说韶华不逝，精力永远旺盛。然而当他真正追求某一项事业时，才发现自己早已力不从心，只能徒叹心有余而力不足矣。

再者，过于热衷某一件事，这会使你产生一种癖好。每一种癖好自会有它的痛苦。当你实现或接近实现你的癖好时，会令你陶然入醉。

而每一次陶醉都会导致你有所疏失，甚至失去理智。于是，给那些搬弄是非者以评头论足的可乘之机。

每当这种关头，智者丝毫不会惊慌，既保持了清醒的头脑，又避免成为众矢之的，同时依然孜孜以求。

庸人则早已丢盔卸甲，狼狈不堪，却又不顾首尾，目空一切，搞得到处沸沸扬扬。

倘若你想站在智者的行列，如果不是每天都有什么收获，也该每周有所收获，哪怕一个月总该有一次收获。否则，你就应该反躬自问，检讨一下你的这一段人生是怎样度过的：是否真正做到献身科学，或为后世积德，或为今世做些有益的事，从而没有虚度年华？抑或连你自己也不清楚你的作为？

抱负之内涵

〔美〕约瑟夫·爱泼斯坦

假如世界上的每个人都没有雄心壮志，会怎样呢？不难想象，或许，这个世界会更加和善，无欲无求，没有纷争摩擦，人们有充裕的时间反思；工作不是为了个人私欲，而是为了集体的利益；世间再无竞争，冲突也会消除，紧张的生活将成为历史，压力将不复存在；艺术不再让人厌烦，其功能将纯粹是为了庆典；作为社会单位的家庭及其所带来的精神伤痛也将荡然无存；人们也会愈加长寿，很少人会死于因过度劳累而引发的心脏病或中风；焦虑将远离人们的生活；时间将无止境地延长，因为人们不再胸怀抱负。

啊，那样的人生该多么的乏味空虚啊！

如今，人们都说，成功是一个神话，所以抱负更是虚幻无形。这难道是说成功非真实存在？而成就也只是一场空？与星体运转和宇宙事件相比，全人类的种种努力都是微不足道的吗？显然，不是所有的成功都值得称道，不是所有的雄心壮志都应滋养。一个人很快就能自然学会选择，哪些值得，哪些不值得。然而，就连最愤世嫉俗的人也承认成功的确存在，成就的意义举足轻重，真正的神话存于那些碌碌无为者的无用之举。否认成功的存在，就等于接受了一种容易让人混淆的观点。这种观点实际上暗含着，要根除所有提高能力的动机，泯灭追求成功的兴趣，并消除对子孙的关注。

我们无法选择出身和父母，也无法选择出生的历史时期、国家或成长环境。我们中的大部分人都不能选择死亡，更不能选择死亡的时间或者条件。但是，在这些无法选择的领域，我们可以选择怎样活着：是勇敢无畏地活着，还是战战兢兢地生存；是活得光明磊落，还是卑鄙无耻；是目标坚定，还是得过且过。我们要权衡生活中的轻重缓急，选择让生命更具意义的事，决定要做或拒绝做的事。但是，不论世界如何漠视我们所做出的选择，那些的确都是我们自己做出的决定。总之，我们的抉择，构成了我们的生活，我们命运的构筑正取决于抱负的全部内容。

谈生命

〔中〕冰　心

我不敢说生命是什么，我只能说生命像什么。

生命像向东流的一江春水，他从最高处发源，冰雪是他的前身。他聚集起许多细流，合成一股有力的洪涛，向下奔注，他曲折地穿过了悬崖峭壁，冲倒了层沙积土，挟卷着滚滚的沙石，快乐勇敢地流走，一路上他享受着他所遭遇的一切：

有时候他遇到巉岩前阻，他愤激地奔腾了起来，怒吼着，回旋着，前波后浪地起伏催逼，直到冲倒了这危崖，他才心平气和地一泻千里；有时候他经过了细细的平沙，斜阳芳草里，看见了夹岸红艳的桃花，他快乐而又羞怯，静静地流着，低低地吟唱着，轻轻地度过这一段浪漫的行程；有时候他遇到暴风雨，这激电，这迅雷，使他心魂惊骇，疾风吹卷起他，大雨击打着他，他暂时浑浊了，扰乱了，而雨过天晴，只加给他许多新生的力量。

有时候他遇到了晚霞和新月，向他照耀，向他投影，清冷中带些幽幽的温暖：这时他只想憩息，只想睡眠，而那股前进的力量，仍催逼着他向前走……

终于有一天，他远远地望见了大海，呵！他已到了行程的终结，这大海，使他屏息，使他低头，她多么辽阔，多么伟大！多么光明，又多么黑暗！大海庄严地伸出臂儿来接引他，他一声不响地流入她的怀里。他消融了，归化了，说不上快乐，也没有悲哀！也许有一天，他再从海上蓬蓬地雨点中升起，飞向西来，再形成一道江流，再冲倒两旁的石壁，再来寻夹岸的桃花。然而我不敢说来生，也不敢相信来生！生命又像一棵小树，他从地底聚集起许多生力，在冰雪下欠伸，在早春润湿的泥土中，勇敢快乐的破壳出来。他也许长在平原上，岩石上，城墙上，只要他抬头看见了天，呵！看见了天！他便伸出嫩叶来吸收空气，承受阳光，在雨中吟唱，在风中跳舞。他也许受着大树的荫遮，也许受着大树的覆压，而他青春生长的力量，终使他穿枝拂叶的挣脱了出来，在烈日下挺立抬头！

他遇着骄奢的春天，他也许开出满树的繁花，蜂蝶围绕着他飘翔喧闹，小鸟在他枝头欣赏唱歌，他会听见黄莺清吟，杜鹃啼血，也许还听见枭鸟的怪鸣。他长到最茂盛的中年，他伸展出他如盖的浓阴，来荫庇树下的幽花芳草，他结出累累的果实，来呈现大地无尽的甜美与芳馨。秋风起了，将他叶子，由浓绿吹到绯红，秋阳下他再有一番的庄严灿烂，不是开花的骄傲，也不是结果的快乐，而是成功后的宁静和愉悦！

终于有一天，冬天的朔风把他的黄叶干枝，卷落吹抖，他无力地在空中旋舞，在根下呻吟，大地庄严地伸出臂儿来接引他，他一声不响地落在她的怀里。他消融了，归化了，他说不上快乐，也没有悲哀！也许有一天，他再从地下的果仁中，破裂了出来。又长成一棵小树，再穿过丛莽的严遮，再来听黄莺的歌唱，然而我不敢说来生，也不敢信来生。宇宙是个大生命，我们是宇宙大气中之一息。江流入海，叶落归根，我们是大生命中之一叶，大生命中之一滴。在宇宙的大生命中，我们是多么卑微，多么渺小，而一滴一叶的活动生长合成了整个宇宙的进化运行。

要记住：不是每一道江流都能入海，不流动的便成了死湖；不是每一粒种子都能成树，不生长的便成了空壳！生命中不是永远快乐，也不是永远痛苦，快乐和痛苦是相生相成的。等于水道要经过不同的两岸，树木要经过常变的四季。在快乐中我们要感谢生命，在痛苦中我们也要感谢生命。快乐固然兴奋，苦痛又何尝不美丽？我曾读到一个警句，它说“愿你生命中有够多的云翳，来造成一个美丽的黄昏”。

耐　力

〔中〕端木蕻良

鸽子，在天空飞着。人们把哨子挂在它的腿上，从天空里，便飞来悠扬的哨响。

天是晴朗的，只有一两片白云。鸽子在空中盘旋。鸽子的翻腾，从哨子发声的波折中，也可以听出来。

鸽子一群一群地飞着，在罗马的古堡上飞着，当但丁第一次和碧蒂利采相遇的时候，鸽子就在那儿飞着。

鸽子在天安门前飞着，在北京城刚刚建造起来的时候，它们就在那儿飞着。

鸽子有凤头的，有黑翅的，有纯白的，还有带芝麻点儿的。但翅膀都同样的矫健。

鸽子的眼睛，透着爱的光。它会把食物从嘴里吐出来喂养小鸽子。据说鸽子老了，它孵养的鸽子，也会来喂养它……

鸽子的翅膀，没有海鸥那么长，也没有鹞子那么大，更没有鹰那么会在高空中滑翔……但它的翅膀却比它们都强……

鸽子是喜欢群居的，但也能单独飞行，在它完成最远的行程的时候，常常是在单独的情况下做到的。

在这个远程的飞行里，它几乎是没有东西吃，也没有水喝，就是不停地飞，不达到目的地不停止。鸽子横渡海洋，白天和黑夜都不停地飞行。在海面上没有什么可吃的，海水也是不能喝的，半途也没有地方歇息，要是有岩石的地方，那已是到了海的那一边了……骆驼能征服沙漠，鸽子能征服天空……

骆驼不会像马那样奔驰，鸽子也不像海燕那样遨游。但鸽子和骆驼相比，同样都有耐力。它们的耐力是坚强的，漫卷的黄沙和凶猛的台风在它们面前，都为之失色……

它们的耐力，使它们总是能到达它们要去的地方，在沙漠里几乎找不到中途倒在沙里的骆驼，在海洋里，也看不到中途跌落的鸽子。

骆驼和鸽子，同样没有剑拔弩张的样子，它们的眼睛都含着羞怯的光。但是它们的眼睛，从不被沙子迷住，也从不怕狂风的吹打……

骆驼的峰就是二座拱桥，它沟通了东方和西方的文化，驼铃是最可靠的信使，最动人的信息……

鸽子是忠诚的，它能把军事机密准确无误地带到指挥员的手中……

鸽哨又在我的头上响起来了，我听到它，并不感到它的声音大，而是觉得整个天空都在它的声音里变小了……

奔

〔中〕管　桦

长江的浩荡波流，回旋着，翻卷着，仿佛在挣脱着什么，响出轰隆隆巨声。浪涛和浪涛彼此呼唤着，滚滚东奔，追逐那一轮红日。从遥远的迷漫着雾气的天际，也能看见它闪亮的水面。而两岸的悬岩绝壁，把峻峭的山峰，高高地耸在它们头上那一片荒凉的蓝空中，俯视着澎湃的急流。只有它们知道长江已经走过和将要走过的迢遥途程的时间，是多么悠久。

我站在飞驰于长江的轮船甲板上，风吹着头发，衣襟向天空飘起。我手扶横栏，凝望着从荒古以来就以自己征服一切的雄浑大气，凌驾着风暴，岁月的重轭所不能制服的生命急流，在无尽的追求中，宽阔的胸膛，倾吐出深沉洪亮的声音，好像在告诉人们一种重要的事情。而它所追赶的太阳，正在朝它背后的西方沉落。

那鲜红艳丽给大地倾注了青春和轰响的生命的火球，使冻结的江河，在山野丛林的摇篮中醒来，使寒冬岁月里深藏在地下的种子，诞生出嫩绿的禾苗，给草原洒满鲜花，让鱼群在温暖的水波里自由浮沉。万物都受到太阳的抚爱。它现在却不可抗拒地，必然地向着西方沉落，最后燃烧的烈焰飞奔，浓烟缭绕，天空笼罩着一片无涯无际黑沉沉着火的乌云。映着豪光的长江，依然滚滚东流，从不折回，它没有追赶那追赶不到的，却追赶着黑暗。它背后的太阳，越过峡谷，落进那被它的光辉渲染成绚烂色彩的烟云里去了。江上升起茫茫淡墨色的雾。两岸间或闪现的灯火，在水天辉映的波影里，如梦如幻的抖颤。从荒凉绝壁降下来的淡紫色的黄昏和白浪滔滔的长江，进入比梦中甜蜜的想象更为神奇的黑暗里。

白昼是壮丽的，但是黑暗比白昼更壮丽。深沉的宁静中，充满了幻想，充满了希望。什么都没有，却包含着所有的一切，也包含着对它的惧怕和嘲笑。我注视着近处被轮船探路灯光照出的波浪，不断地互相撞碎，似乎是唯有碎裂才充满生命，才能奔腾，才能掀起冲天巨浪。而那从不碎裂的在幽暗星光下巨大而模糊的山岭，只能万古不变地伫立着。它们感到黑暗是如此的冰冷、沉重、浓厚，像巢居着鬼魅的莽石洞穴阴森可怕。而长江却勇敢地向黑暗奔流。前面波浪的空缺，立即被后面的填补。因风的袭击而高高地扬起头来吼叫，不顾一切地向着漩涡扑去；因峡谷险峰的阻隔更加奔猛。我倾听着黑暗里波涛的轰响，感到它的孤独和悲壮。同时向我展示了一个永恒的伟大思想：

给万物以生命的光明是灿烂的。而黑暗是孕育着那无比硕大太阳的母腹。

幸　福

〔英〕威廉·巴克莱

幸福的生活有三个不可缺的因素：一是有希望；二是有事做；三是能爱人。

有希望——

亚历山大大帝有一次大送礼物，表示他的慷慨。他给了甲一大笔钱，给了乙一个省份，给了丙一个高官，他的朋友听到这件事后，对他说："你要是一直这样做下去，你自己会一贫如洗。"

亚历山大回答说："我哪会一贫如洗，我为我自己留下的是一份最伟大的礼物。我所留下的是我的希望。"

一个人要是只生活在回忆中，却失去了希望，那他的生命已经开始终结。回忆不能鼓舞我们有力地生活下去，回忆只能让我们逃避，好像囚犯逃出监狱。

有事做——

一个英国老妇人，在她重病自知时日不多的时候，写下了如下的诗句：现在别怜悯我，永远也不要怜悯我，我将不再工作，永远永远不再工作。

很多人都有过失业，或者没事的时候，他就会觉得日子过得很慢，生活十分空虚。有过这种经验的人都会知道，有工作不是不幸，而是一种幸福。

能爱人——

诗人白朗宁曾写道："他望了她一眼，她对他回眸一笑，生命突然苏醒。"

生命中有了爱，我们就会变得谦卑、有生气，新的希望油然而生，仿佛有千百件事等着我们去完成。有了爱，生命就有了春天，世界也变得万紫千红。

最完美的祷告，应该是："主啊，求你让我有力量去帮助别人。"

培养一种业余爱好

〔英〕温斯顿·丘吉尔

有一位天才的美国心理学家说过："焦虑是情绪发生了痉挛，原因是大脑紧抓住某事不放。"在这种情况下与大脑争执只是徒劳。人的决心越大，心里的东西越是放不下，唯一的办法是悄悄地把别的东西悄悄塞进大脑。如果这种新的东西选得正确，再佐以一定的兴趣，那么大脑往往会很快松弛下来，得到调节。

由此可见，对公务繁忙的人来说，培养一种业余爱好是头等重要的大事，但这不是一件一朝一夕或凭一时的意气就能一蹴而就的事情，不可能心想事成；兴趣的培养是个漫长的过程，只有仔细选种，培以沃地，精心照料，才能享受到其果实。

要想保持愉快安然的心境，就必须至少有两三种实实在在的业余爱好。如果有人到了晚年才说我想在这方面或那方面找点兴趣，那就已经没有任何意义了。这种尝试只能是更加增加大脑的压力。有人可能会十分精通与其日常工作无关的某个领域，但却不一定能从中得到任何好处，也不一定能得到什么安慰。做你所喜欢的事并没有什么用处，你必须喜欢你所做的事才行。

大致说来，人可分为三类：苦死之人，愁死之人，闷死之人。为精疲力竭的体力劳动者提供周末比赛或打球的机会是毫无价值的；同样，让殚精竭虑的政治活动家或职业人士再把精力花在鸡毛蒜皮的小事上也毫无裨益。至于那些无所不能的、无论有什么欲望都能得到满足的可怜人来说，新的欢乐、新的刺激只不过是欲望的又一次满足，所以他们烦闷得要命，于是狂乱地东扑西闯，拼命地摆脱烦恼，对这种人来说，某种纪律的约束是最有希望的解脱之路。

也可以说，理智、勤奋、有才能的人可分为两类：一类人是把工作和娱乐截然分开，另一类人则是工作和娱乐合而为一。大多数的人都属于前者，他们有他们的报酬。办公室或车间里的长时间劳作会给他们带来报偿，他们有稳定的生活来源，能从最简单、最朴素的事物中发现乐趣。真正的幸运儿却是第二类人，他们生活在自然的和谐美之中。对他们来说，工作时间总永远都不够长，每一天对他们来说都是假日，真正的假日来临时会粗暴地打断他们令人心醉的工作。然而，这两类人都必须改变一下他们的观点，调整一下气氛，转移一下奋斗的方向。

事实上，或许那些以工作为乐的人，正是那些最需要通过一种兴趣或爱好，使自己适时忘记自己工作的人。

放　手

〔新加坡〕孙爱玲

凡人对事对人不放手，就只有苦！

抓什么呢？

有个病人在临死之前异常痛苦，一手抓住床沿铁栏，一手抓住好友，指甲掐入对方肉中，好友见他如此痛苦，劝他：“你为什么要抓住生命呢？你放手吧，让生命去吧，就好过了，就舒服了，我在你身边，看着你，爱你。”

他听了宽心了，放心了，一放手，果然就解脱了。

然而这世界上的人没有不抓点什么的，不抓点什么的就不是人，这世界也就不成世界了。

于是抓房屋，抓股票，抓丈夫，抓孩子，抓时间，抓金钱，抓欲望，抓梦想，抓得世界五彩缤纷。

如果上帝造人，不将人类手指抓向手心，这人类也就没有这么精彩的人生。

鸭掌不能抓，只能呱呱呱！

而人的生命痛苦，也因为抓不到，抓不稳，抓不来而痛苦，活该的！

这抓的意念和抓的动作不同，往往那抓的意念更磨人，伤人，更困己，害己，常越陷越深而不能自拔，什么时候肯罢休？往往到伤害了自己才放手。

有两个小孩，一个手上抓了个球，另一个也要，一手抓过去，对方不给，他拳头如雨般捶擂下来。

许多时候，我们如这小孩，不肯放手，宁愿被人没头没脑地乱打，还紧抓不放，其实不过是为了个球罢了。你或许说，那球是我的，没理由给他，你为什么一定要那个球呢？不要它不就没事了么。只要意念说：“我不要了，我放手。”

管它谁拾去，我就不要。

当你放手的那一刻，你就得回你自己！

匆匆

〔中〕朱自清

燕子去了，有再来的时候；杨柳枯了，有再青的时候；桃花谢了，有再开的时候。但是，聪明的，你告诉我，我们的日子为什么一去不复返呢？——是有人偷了他们罢：那是谁？又藏在何处呢？是他们自己逃走了罢：现在又到了哪里呢？

我不知道他们给了我多少日子；但我的手确乎是渐渐空虚了。在默默地算着，八千多日子已经从我手中溜去；像针尖上一滴水滴在大海里，我的日子滴在时间的流里，没有声音，也没有影子。我不禁汗涔涔而泪潸潸了。

去的尽管去了，来的尽管来着；去来的中间，又怎样地匆匆呢？早上我起来的时候，小屋里射进两三方斜斜的太阳。太阳他有脚啊，轻轻悄悄地挪移了；我也茫茫然跟着旋转。于是——洗手的时候，日子从水盆里过去；吃饭的时候，日子从饭碗里过去；默默时，便从凝然的双眼前过去。我觉察他去的匆匆了，伸出手遮挽时，他又从遮挽着的手边过去，天黑时，我躺在床上，他便伶伶俐俐地从我身上跨过，从我脚边飞去了。等我睁开眼和太阳再见，这算又溜走了一日。我掩着面叹息。但是新来的日子的影儿又开始在叹息里闪过了。

在逃去如飞的日子里，在千门万户的世界里的我能做些什么呢？只有徘徊罢了，只有匆匆罢了；在八千多日的匆匆里，除徘徊外，又剩些什么呢？过去的日子如轻烟，被微风吹散了，如薄雾，被初阳蒸融了；我留着些什么痕迹呢？我何曾留着像游丝样的痕迹呢？我赤裸裸来到这世界，转眼间也将赤裸裸的回去罢？但不能平的，为什么偏要白白走这一遭啊？

你聪明的，告诉我，我们的日子为什么一去不复返呢？

学无止境

〔美〕斯坦伯格

这是美国东部一所规模很大的大学毕业考试的最后一天。在一座教学楼前的阶梯上，一群机械系大四学生挤在一起，正在讨论几分钟后就要开始的考试，他们显示出很有信心。这是最后一次考试，接着就是毕业典礼和找工作了。

有几个说他们找到工作了，其他的人则在讨论他们想得到的工作。怀着对四年大学教育的肯定，他们觉得心理上早有准备，能征服外面的世界。

即将进行的考试他们知道只是很容易的事情。教授说他们可以带需要的教科书、参考书和笔记，只要求考试时他们不能交头接耳。

他们喜气洋洋地鱼贯走进教室。教授把考卷发下去，学生都眉开眼笑，因为学生们注意到只有五个讨论题。

三个小时过去了，教授开始收卷。学生们似乎不再有信心，他们脸上有可怕的表情，没有一个人说话。教授手里拿着考卷，面对着全班同学。教授端详着面前学生们担忧的脸，问道："有几个人把五个问题全答完了？"

没有人举手。

"有几个人答完了四个？"

仍旧没有人举手。

"三个？"

"两个？"

学生们在座位上不安起来。

"那么一个呢？一定有人做完一个了吧！"

全班学生仍保持沉默。

教授放下手中的考卷说："这正是我预料的。我只是要加深你们的印象，即使你们已完成四年工程教育，但仍旧有很多有关工程的问题你们不知道，这些你们不能回答的问题，在日常操作中是非常普遍的。"

于是教授带着微笑说下去："这个科目你们都会及格，但要记住，虽然你们是大学毕业生，但你们的教育才刚开始。"

时间消逝，这位教授的名字已经模糊，但他的训诫却不会模糊。

故都的秋

〔中〕郁达夫

秋天，无论在什么地方的秋天，总是好的；可是啊，北国的秋，却特别地来得清，来得静，来得悲凉。我的不远千里，要从杭州赶上青岛，更要从青岛赶上北平来的理由，也不过想饱尝一尝这“秋”，这故都的秋味。

江南，秋当然也是有的，但草木凋得慢，空气来得润，天的颜色显得淡，并且又时常多雨而少风；一个人夹在苏州上海杭州，或厦门香港广州的市民中间，混混沌沌地过去，只能感到一点点清凉，秋的味，秋的色，秋的意境与姿态，总看不饱，尝不透，赏玩不到十足。秋并不是名花，也并不是美酒，那一种半开、半醉的状态，在领略秋的过程上，是不合适的。

不逢北国之秋，已将近十余年了。在南方每年到了秋天，总要想起陶然亭的芦花，钓鱼台的柳影，西山的虫唱，玉泉的夜月，潭柘寺的钟声。在北平即使不出门去罢，就是在皇城人海之中，租人家一椽破屋来住着，早晨起来，泡一碗浓茶，向院子一坐，你也能看得到很高很高的碧绿的天色，听得到青天下驯鸽的飞声。从槐树叶底，朝东细数着一丝一丝漏下来的日光，或在破壁腰中，静对着像喇叭似的牵牛花（朝荣）的蓝朵，自然而然地也能够感觉到十分的秋意。说到了牵牛花，我以为以蓝色或白色者为佳，紫黑色次之，淡红色最下。最好，还要在牵牛花底，教长着几根疏疏落落的尖细且长的秋草，使作陪衬。

北国的槐树，也是一种能使人联想起秋来的点缀。像花而又不是花的那一种落蕊，早晨起来，会铺得满地。脚踏上去，声音也没有，气味也没有，只能感出一点点极微细极柔软的触觉。扫街的在树影下一阵扫后，灰土上留下来的一条条扫帚的丝纹，看起来既觉得细腻，又觉得清闲，潜意识下并且还觉得有点儿落寞，古人所说的梧桐一叶而天下知秋的遥想，大约也就在这些深沉的地方。

秋蝉的衰弱的残声，更是北国的特产，因为北平处处全长着树，屋子又低，所以无论在什么地方，都听得见它们的啼唱。在南方是非要上郊外或山上去才听得到的。这秋蝉的嘶叫，在北方可和蟋蟀耗子一样，简直像是家家户户都养在家里的家虫。

还有秋雨哩，北方的秋雨，也似乎比南方的下得奇，下得有味，下得更像样。

在灰沉沉的天底下，忽而来一阵凉风，便息列索落地下起雨来了。一层雨过，云渐渐地卷向了西去，天又晴了，太阳又露出脸来了，著着很厚的青布单衣或夹袄的都市闲人，咬着烟管，在雨后的斜桥影里，上桥头树底下去一立，遇见熟人，便会用了缓慢悠闲的声调，微叹着互答着地说：

“唉，天可真凉了——”（这了字念得很高，拖得很长。）

“可不是吗？一层秋雨一层凉了！”

北方人念阵字，总老像是层字，平平仄仄起来，这念错的歧韵，倒来得正好。

北方的果树，到秋天，也是一种奇景。第一是枣子树，屋角，墙头，茅房边上，灶房门口，它都会一株株地长大起来。像橄榄又像鸽蛋似的这枣子颗儿，在小椭圆形的细叶中间，显出淡绿微黄的颜色的时候，正是秋的全盛时期。等枣树叶落，枣子红完，西北风就要起来了，北方便是沙尘灰土的世界，只有这枣子、柿子、葡萄，成熟到八九分的七八月之交，是北国的清秋的佳日，是一年之中最好也没有的 Golden Days。

有些批评家说，中国的文人学士，尤其是诗人，都带着很浓厚的颓废的色彩，所以中国的诗文里，赞颂秋的文字的特别的多。但外国的诗人，又何尝不然？我虽则外国诗文念的不多，也不想开出账来，做一篇秋的诗歌散文钞，但你若去一翻英德法意等诗人的集子，或各国的诗文的 Anthology 来，总能够看到许多关于秋的歌颂和悲啼。各著名的大诗人的长篇田园诗或四季诗里，也总以关于秋的部分，写得最出色而最有味。足见有感觉的动物，有情趣的人类，对于秋，总是一样地特别能引起深沉、幽远、严厉、萧索的感触来的。不单是诗人，就是被关闭在牢狱里的囚犯，到了秋天，我想也一定能感到一种不能自已的深情，秋之于人，何尝有国别，更何尝有人种阶级的区别呢？不过在中国，文字里有一个“秋士”的成语，读本里又有着很普遍的欧阳子的《秋声》与苏东坡的《赤壁赋》等，就觉得中国的文人，与秋的关系特别深了，可是这秋的深味，尤其是中国的秋的深味，非要在北方，才感受得到底。

南国之秋，当然也是有它的特异的地方的，比如廿四桥的明月，钱塘江的秋潮，普陀山的凉雾，荔枝湾的残荷等等，可是色彩不浓，回味不永。比起北国的秋来，正像是黄酒之与白干，稀饭之与馍馍，鲈鱼之与大蟹，黄犬之与骆驼。

秋天，这北国的秋天，若留得住的话，我愿把寿命的三分之二折去，换得一个三分之一的零头。

一九三四年八月，在北平

书友

[英] 塞缪尔·斯迈尔斯

与什么书为伴，就像与什么人为伴一样，都能体现一个人的品格。有以人为伴的，也有以书为伴的。无论是书友或朋友，我们都应该慎重选择，与佳者为伴。

好书犹如知己。不管过去，现在，还是将来，它都始终如一。它是最有耐心、最令人愉快的伴侣。困难之际，它也不离不弃。它总是以友善相待，在我们年轻时，好书能陶冶性情，增长知识；到我们年老时，它又会给我们以宽慰。

好书可以使人结为朋友，就像两个人会因为敬慕同一个人而交为朋友一样。古谚说："爱屋及乌"，但是，"爱我及书"这句话却有更深的哲理。书是更为牢固和真实的情谊纽带。假如拥有共同喜爱的作家，人们可以借此沟通思想感情。他们可以由此和作者产生共鸣。

哈兹利特曾经说过："书潜移默化人们的内心，诗歌熏陶人们的气质品性。少小所习，老大不忘，恍如身历其事。书籍价廉物美，不啻我们呼吸的空气。"

好书犹如珍藏人一生思想精华的工具。人生的境界，主要就在于他思想的境界。所以，好书保存着优美的语言、深邃的思想，倘若能铭记于心，就成为我们忠实的伴侣和永恒的慰藉。菲利普·悉尼爵士说得好："有高尚思想做伴的人永不孤独。"

当我们面临诱惑的时候，虔诚而公正的信念就像仁慈的天使，保卫我们的灵魂，使她依旧纯洁。这同样孕育着行为的冲动，往往成为善行的先导。

书是永恒不朽的，是人类勤奋努力的最为持久的结晶。寺庙会倒坍，神像会朽烂，而书却经久长存。在伟大的思想面前，时间显得微不足道。多少年前曾经感动作者的思想今天依然清新如故。书籍记载了他们的言论和思想，现在看来依旧生动。时间唯一的作用是淘汰垃圾作品，只有真正的作品才能经受时间的检验而经久长存。

书籍引导我们进入主流社会，与历代伟人为伍，使我们如闻其声，如观其行，如见其人；如与他们朝夕相处，同欢喜，共伤悲。我们继承他们的感受，好似觉得在他们所描绘的舞台上跟他们同台献艺了。

伟大杰出的人物在这世间也不会消逝，书籍记载他们的思想，然后传播开来。书是人们至今仍在聆听的思想回声，永远充满着活力。因此，我们永远都在受着历代伟人的影响。多少年前的盖世英才，就如同在他所生活的时代，今天依旧显示着强大的生命力。

听雨

〔中〕季羡林

从一大早就下起雨来。下雨，本来不是什么稀罕事儿，但这是春雨，俗话说："春雨贵似油。"而且又在罕见的大旱之中，其珍贵就可想而知了。

"润物细无声"，春雨本来是声音极小极小的，小到了"无"的程度。但是，我现在坐在隔成了一间小房子的阳台上，顶上有块大铁皮。楼上滴下来的檐溜就打在这铁皮上，打出声音来，于是就不"细无声"了。按常理说，我坐在那里，同一种死文字拼命，本来应该需要极静极静的环境，极静极静的心情，才能安下心来，进入角色，来解读这天书般的玩意儿。这种雨敲铁皮的声音应该是极为讨厌的，是必欲去之而后快的。

然而，事实却正相反。我静静地坐在那里，听到头顶上的雨滴声，此时有声胜无声，我心里感到无量的喜悦，仿佛饮了仙露，吸了醍醐，大有飘飘欲仙之概了。这声音时慢时急，时高时低，时响时沉，时断时续，有时如金声玉振，有时如黄钟大吕，有时如大珠小珠落玉盘，有时如红珊白瑚沉海里，有时如弹素琴，有时如舞霹雳，有时如百鸟争鸣，有时如兔落鹘起，我浮想联翩，不能自已，心花怒放，风生笔底。死文字仿佛活了起来，我也仿佛又溢满了青春活力。我平生很少有这样的精神境界，更难为外人道也。

在中国，听雨本来是雅人的事。我虽然自认还不是完全的俗人，但能否就算作雅人，却还很难说。我大概是介乎雅俗之间的一种动物吧。中国古代诗词中，关于听雨的作品是颇有一些的。顺便说上一句：外国诗词中似乎少见。我的朋友章用回忆表弟的诗中有："频梦春池添秀句，每闻夜雨忆联床。"是颇有一点诗意的。连《红楼梦》中的林妹妹都喜欢李义山的"留得残荷听雨声”之句。最有名的一首听雨的词当然是宋蒋捷的《虞美人》，词不长，我索性抄它一下：

少年听雨歌楼上，
红烛昏罗帐。
壮年听雨客舟中，
江阔云低，
断雁叫西风。
而今听雨僧庐下，
鬓已星星也。
悲欢离合总无情，
一任阶前点滴到天明。

蒋捷听雨时的心情，是颇为复杂的。他是用听雨这一件事来概括自己的一生的，从少年、壮年一直到老年，达到了“悲欢离合总无情”的境界。但是，古今对老的概念，有相当大的悬殊。他是“鬓已星星也”，有一些白发，看来最老也不过五十岁左右。用今天的眼光看，他不过是介乎中老之间，用我自己比起来，我已经到了望九之年，鬓边早已不是“星星也”，顶上已是“童山濯濯”了。要讲达到“悲欢离合总无情”的境界，我比他有资格。我已经能够“纵浪大化中，不喜亦不惧”了。

可我为什么今天听雨竟也兴高采烈呢？这里面并没有多少雅味，我在这里完全是一个“俗人”。我想到的主要是麦子，是那辽阔原野上的青青的麦苗。我生在乡下，虽然六岁就离开，谈不上干什么农活，但是我拾过麦子，捡过豆子，割过青草，劈过高粱叶。我血管里流的是农民的血，一直到今天垂暮之年，毕生对农民和农村怀着深厚的感情。农民最高希望是多打粮食。天一旱，就威胁着庄稼的成长。即使我长期住在城里，下雨一少，我就望云霓，自谓焦急之情，决不下于农民。北方春天，十年九旱。今年似乎又旱得邪门。我天天听天气预报，时时观察天上的云气。忧心如焚，徒唤奈何。在梦中也看到的是细雨蒙蒙。

今天早晨，我的梦竟实现了。我坐在这长宽不过几尺的阳台上，听到头顶上的雨声，不禁神驰千里，心旷神怡。在大大小小高高低低，有的方正有的歪斜的麦田里，每一个叶片都仿佛张开了小嘴，尽情地吮吸着甜甜的雨滴，有如天降甘露。本来有点黄萎的，现在变青了。本来是青的，现在更青了。

宇宙间凭空添了一片温馨，一片祥和。

我的心又收了回来，收回到了燕园，收回到了我楼旁的小山上，收回到了门前的荷塘内。我最爱的二月兰正在开着花。它们拼命从泥土中挣扎出来，顶住了干旱，无可奈何地开出了红色的白色的小花，颜色如故，而鲜亮无踪，看了给人以孤苦伶仃的感觉。在荷塘中，冬眠刚醒的荷花，正准备力量向水面冲击。水当然是不缺的。但是，细雨滴在水面上，画成了一个个的小圆圈，方逝方生，方生方逝。这本来是人类中的诗人所欣赏的东西，小荷花看了也高兴起来，劲头更大了，肯定会很快地钻出水面。

我的心又收近了一层，收到了这个阳台上，收到了自己的肠子里，头顶上叮当如故，我的心情怡悦有加。但我时时担心，它会突然停下来。我潜心默祷，祝愿雨声长久响下去，响下去，永远也不停。

一九九五年四月十三日

人生价值

〔中〕朱光潜

每个人都不免有一个理想，或为温饱，或为名利，或为学问，或为德行，或为事功，或为醇酒妇人，或为斗鸡走狗，所谓“从其大体者为大人，从其小体者为小人”。这种分别究竟以什么为标准呢？哲学家们都承认：人生最高目标是幸福。什么才是真正的幸福？对于这个问题也是各有各的见解：积学修德可被看成幸福，饱食暖衣也可被看成幸福。究竟谁是谁非呢？我们从人的观点来说，人之所以高贵于禽兽者在他的心灵。人如果要充分地展示他的人性，就必须充实他的心灵生活。

幸福是一种享受，我们不必如持禁欲主义的清教徒之不近人情，但是我们也须明白：肉体的享受不是人类最大的享受，人类最大的享受是心灵的享受。哪些才是心灵的享受呢？就是真善美三种价值。学问、艺术、道德无一不是心灵活动，人如果在这三方面达到最高境界，同时也就达到最幸福境界。一个人的生活是否丰富，这就是说，有无价值，就看他对于心灵或精神生活的努力和成就的大小。如果只顾衣食饱暖而对真善美不感兴趣，他就成为一具行尸走肉了。这番道理本无深文奥义，但是说起来好像很辽阔。灵与肉的冲突本来是一个古老而不易化除的冲突。许多人因顾到肉遂忘记灵。相习成风，心灵生活便被视为怪诞无稽的事。尤其是近代人被“物质的舒适”这一观感念所迷惑，大家争着去拜财神，财神也就笼罩了一切。

朋　友

〔中〕巴　金

我的生命大概不会很长久罢。然而在短促的过去的回顾中却有一盏明灯，照彻了我的灵魂的黑暗，使我的生存有一点光彩。这盏灯就是友情。我应该感谢它，因为靠了它我才能够活到现在；而且把旧家庭给我留下的阴影扫除了的也正是它。

世间有不少的人为了家庭抛弃朋友，至少也会在家庭和朋友之间划一个界限，把家庭看得比朋友重过若干倍。这似乎是很自然的事情。我也曾亲眼看见一些人结婚以后就离开朋友，离开事业。

朋友是暂时的，家庭是永久的。在好些人的行为里我发现了这个信条。这个信条在我实在是不可理解的。对于我，要是没有朋友，我现在会变成怎样可怜的东西，我自己也不知道。

然而朋友们把我救了。他们给了我家庭所不能给的东西。他们的友爱，他们的帮助，他们的鼓励，几次把我从深渊的边沿救回来。他们对我表示了无限的慷慨。

我的生活曾经是悲苦的，黑暗的。然而朋友们把多量的同情，多量的爱，多量的欢乐，多量的眼泪分了给我，这些东西都是生存所必需的。这些不要报答的慷慨的施舍，使我的生活里也有了温暖，有了幸福。我默默地接受了它们。我并不曾说过一句感激的话，我也没有做过一件报答的行为。但是朋友们却不把自私的形容词加到我的身上。对于我，他们太慷慨了。

这一次我走了许多新地方，看见了许多新朋友。我的生活是忙碌的：忙着看，忙着听，忙着说，忙着走。但是我不曾遇到一点困难，朋友们给我准备好一切，使我不会缺少什么。我每走到一个新地方，就像回到我那个在上海被日本兵毁掉的旧居一样。

每一个朋友，不管他自己的生活是怎样苦，怎样简单，也要慷慨地分一些东西给我，虽然明知道我不能够报答他。有些朋友，连他们的名字我以前也不知道，他们却关心我的健康，处处打听我的“病况”，直到他们看见了我那被日光晒黑的脸和膀子，他们才放心地微笑了。这种情形的确值得人掉眼泪。

有人相信我不写文章就不能够生活。两个月以前，一个同情我的上海朋友寄稿到《广州民国日报》的副刊，说了许多关于我的生活的话。他也说我一天不写文章第二天就没有饭吃。这是不确实的。这次旅行就给我证明：即使我不再写一个字，朋友们也不肯让我冻馁。世间还有许多慷慨的人，他们并不把自己个人和家庭看得异常重要，超过一切。靠了他们我才能够活到现在，而且靠了他们我还要活下去。

朋友们给我的东西是太多，太多了。我将怎样报答他们呢？但是我知道他们是不需要报答的。

最近我在法国哲学家居友的书里读到了这样的话：“生命的一个条件就是消费……世间有一种不能跟生存分开的慷慨，要是没有了它，我们就会死，就会从内部干枯。我们必须开花。道德，无私心就是人生的花。”

在我的眼前开放着这么多的人生的花朵了。我的生命要到什么时候才会开花？难道我已经是“内部干枯”了么？

一个朋友说过：“我若是灯，我就要用我的光明来照彻黑暗。”

我不配做一盏明灯。那么就让我做一块木柴罢，我愿意把我从太阳那里受到的热放散出来，我愿意把自己烧得粉身碎骨给人间添一点点温暖。

差　别

〔德〕布鲁德·克里斯蒂安森

两个同龄的年轻人同时受雇于一家店铺，并且拿同样的薪水。

可是叫阿诺德的小伙子青云直上，而那个叫布鲁诺的小伙子却仍在原地踏步。

布鲁诺很不满意老板的不公正待遇。终于有一天他到老板那儿发牢骚了。老板一边耐心地听着他的抱怨，一边心里盘算着怎样向他解释清楚他和阿诺德之间的差别。

“布鲁诺先生，”老板开口说话了，“您今早到集市上去一下，看看今天早上有什么卖的。”

布鲁诺从集市上回来向老板汇报说，今早集市上只有一个农民拉了一车土豆在卖。

“有多少？”老板问。

布鲁诺赶快戴上帽子又跑到集上，然后回来告诉老板一共 40 口袋土豆。

“价格是多少？”布鲁诺又第三次跑到集上问来了价钱。

“好吧，”老板对他说，“现在请您坐到这把椅子上一句话也不要说，看看阿诺德是怎么做的。”

阿诺德很快就从集市上回来了，并汇报说到现在为止只有一个农民在卖土豆，一共 40 口袋，价格是多少多少；土豆质量很不错，他带回一个让老板看看。这个农民一个钟头以后还会弄来几箱西红柿，据他看价格非常公道。昨天他们铺子的西红柿卖得很快，库存已经不多了。他想这么便宜的西红柿老板肯定会要进一些的，所以他不仅带回了一个西红柿做样品，而且把那个农民也带来了，他现在正在外面等回话呢。

此时老板转向了布鲁诺，说：“现在你肯定知道为什么阿诺德的薪水比您高了吧？”

一个鸡蛋的家当

〔中〕邓 拓

说起家当，人们总以为这是相当数量的财富。家当的“当”字，本来应该写成“帑”字。帑是货币贮藏的意思，读音如“荡”字，北方人读成“当”字的同音，所以口语变成了“家当”。

我们平常说某人有了家当，就是承认他有许多家财，却不会相信一个鸡蛋能算得了什么家当！然而，庄子早就讲过有“见卵求富”的人，因此，我们对于一个鸡蛋的家当，也不应该小看它。

的确，任何巨大的财富，在最初积累的时候，往往是由一个很小的数量开始的。这正如集腋可以成裘、涓滴可以成江河的道理一样。但是，这并不是说，无论在什么情况下，你只要有了一个鸡蛋，就等于有了一份家当。事情绝不可能这样简单和容易。

明代万历年间，有一位小说家，名叫江盈科。他编写了一部《雪涛小说》，其中有一个故事说："一市人，贫甚，朝不谋夕。偶一日，拾得一鸡卵，喜而告其妻曰：我有家当矣。妻问安在？持卵示之，曰：此时，然须十年，家当乃就。因与妻计曰：我持此卵，借领人伏鸡乳之，待彼雏成，就中取一雌者，归而生卵，一月可得十五鸡。两年之内，鸡又生鸡，可得鸡三百，堪易十金。我以十金易五牸，牸复生牸，三年可得二十五牛。牸所生者，又复生牸，三年可得百五十牛，堪易三百金矣。吾持此金以举债，三年间，半千金可得也。"这个故事的后半还有许多情节，但没有多大意义，可以不必讲它。不过有一点还应该提到，就是这个财迷后来说，他还打算娶一个小老婆。这下子引起了他的老婆"怫然大怒，以手击鸡卵，碎之"。于是这一个鸡蛋的家当就全部毁掉了。

你看这个故事不是可以说明许多问题吗？这个财迷也知道，家当的积累是需要不少时间的。因此，他同老婆计算要有十年才能挣到这份家当。这似乎也合于情理。但是，他的计划简直没有任何可靠的根据，而完全是出于一种假设，每一个步骤都以前一个假设的结果为前提。对于十年以后的事情，他统统用空想代替了现实，充分显出了财迷的本色，以致激起老婆生气，一拳头就把他的家当打得精光。更重要的是，他的财富积累计划根本不是从生产出发，而是以巧取豪夺的手段去追求他自己发财的目的。

如果要问，他的鸡蛋是从何而来的呢？回答是拾来的。这个事实本来就不光彩。而他打算把这个拾来的鸡蛋，寄在邻居母鸡生下的许多鸡蛋里一起去孵，其目的更显然是要浑水摸鱼，等到小鸡孵出以后，他就将不管三七二十一，抱一个小母鸡回来。可见这个发财的第一步计划，又是连偷带骗的一种勾当。

接着，他继续设想，鸡又生鸡，用鸡卖钱，钱买母牛，母牛繁殖，卖牛得钱，用钱放债，这么一连串的发财计划，当然也不能算是生产的计划。其中每一个重要的关键，几乎都要依靠投机买卖和进行剥削，才能够实现的。这就证明，江盈科描写的这个"市人"，虽然"贫甚"，却不是劳苦的人民，大概是属于中世纪城市里破产的商人之流，他满脑子都是欺诈剥削的想法，没有老老实实地努力生产劳动的念头。这样的人即便挣到了一份家当，也不可能经营什么生产事业，而只会想找个小老婆等等，终于引起夫妻打架，不欢而散，那是必然的结果。

历来只有真正老实的劳动者，才懂得劳动产生财富的道理，才能够摒除一切想入非非的发财思想，而踏踏实实地用自己的辛勤劳动，为社会也为自己创造财富和积累财富。

我们在旅途中

〔美〕亨利·凡·戴克

不论你身处何地，也不论你是什么人，不管是在此时此刻，还是在我们生命中的任何一个瞬间，有一件事对你我来说是相同的：我们不是在憩息，而是在旅途中。我们的生活是一种运动，一种趋势，是向一个看不见的目标稳步前进。每一天，我们都会赢得某些东西，或者会失去某些东西。甚至当我们的位置和我们的性格看起来仿佛跟以前完全相同时，它们事实上也在变化着。因为仅仅时间的前进就是一种变化。对于一块荒地来说，在 1 月和 7 月是不同的，季节会制造差异。能力上的局限性对于孩子来说是一种可爱的品质，但对于大人来说就是一种幼稚的表现。

我们做的每一件事都是朝着一个或另一个方向前进一步，甚至“没有做任何事情”这件事本身也是一种行为，它让我们前进或后退；一根磁针阴极的作用和阳极的作用都是一样真实的；拒绝也是一种接受——这些都是二中择一的选择。

你今天比昨天更接近你的港口了吗？是的——你必须接近某一个港口或者另一个港口。自从你第一次被抛入生活之海，你的船连一分钟都没有静止过；海是如此之深，你也不可能找到一个抛锚的地方，于是你不可能停下来，直到你到达自己的港口。

不值得……

〔爱尔兰〕威廉·巴克莱

有一天，我积压了不少工作没有完成，可是我一定得赴一个约会。我手头只有半个小时可用，而我有一件工作一定得完成。

我心里在说："只剩半个钟头了，不值得着手做这件事。"

我们常常发现能用的时间不多，可是要做的事却不少，我们会说："只有这一点点时间，不值得动手去做。"

"不值得"三个字的确很危险，因为这等于说，把整整半个小时浪费了。把这些浪费了的半小时加起来，可就多得不得了。

要是一个礼拜做五天，每天浪费半小时，一个礼拜加起来就有两个半小时；一年加起来就有一百三十个小时，等于十六个工作日全没有派上用处。

我的老师麦克菲登总爱告诉人他怎样学会意大利语的故事。

他每天坐电车从家里去大学，路上要花半个小时。他每天就用这半个小时学习，居然学会了一种新语言。

别小看半个小时，半小时中你可以完成许多事。

最要紧的是明白从"值得"开始。

有时候我们说："不值得一试"，很可能是因为我们担心工作太难，负担不了，或者才能与财力都不足，不能把工作做好。我们知道应该一试，可是我们自宽自解地说："不值得一试。"

英国小说作家斯蒂文森患病之后，自知不久于人世，可是他却说："要是写不完一本书，至少可以开始写第一页。"

机会在敲门

〔美〕魏特利·薇特

英国著名小说家艾略特曾经写道："生命巨流中的黄金时刻稍纵即逝，除了沙砾之外我们别无所见；天使前来探访，我们却当面不识，失之交臂。"

20 世纪的美国人也有一句俗谚："通往失败的路上处处是错失了的机会。"

坐待幸运从前门进来的人，往往忽略了从后窗进入的机会。

马娇丽就是这样一个人。她在一家小型制造业公司谋得一份好差事，可是上司要她做一件不在她职责范围内的工作，她拒绝了。不久以后，在另一个部门的一位同事问她愿不愿意尝试那个部门的工作，她再度回绝。马娇丽不愿担负其他任何任务，除非加她的薪，升她的级。她没有看出这是送到她眼前的机会。假使她接受新任务并且顺利完成，她就极有资格要求加薪和升级了。结果经理们认为她不思进取，不愿成长。

我们常把机会拟人化，误以为幸运之神真的存在，许多人就坐待机会来敲门。可惜的是，机会从来不会自动前来敲门。不管你等待多少年，也听不到它的敲门声。

原因是，机会并非外界的生存实体，它在你的内心之中，你就是机会。只有你能制造机会。只有你能发挥自己的能力来利用机会。只有你能发现机会，从而把失败与挫折转变为成功与满足。

有些人给机会下了褊狭的定义，认为是指一笔交易成功或一次职务升迁。其实机会所涵盖的范围很广，它意味着众人皆陷入消极的泥潭中时，你却能寻出一条积极思考的途径。机会是在强大压力之下圆满完成任务；机会是不卷入办公室里的钩心斗角；机会是不受紧张、冲突和自疑的牵绊；机会是接纳自己的一切，求得内心的宁静，并享受充满自信的愉悦。

朝着一个值得努力的目标前进，尽量利用造物主慷慨赐予你的才华和能力，机会就在其中。

当你不再打击自己，自然就会开始认清机会所在。当你不再担心别人怎么想，你就会开始发掘出无穷的机会。当你不再想象着前途多舛，你就会开始掌握机会。当你不再为昔日的挫败烦恼，你就会开始为自己创造机会。

记住，任何人都有失意和挫折的时候，但是人人也都有丰富的潜力。不快乐的人只看见自己的错处和弱点，满心喜悦的人则专注于自己内心的力量和创造力。

你怎样为自己开创机会？你要不断地探索、发现并且适应新来乍到的机会。更重要的是，你要保持心胸开放与乐观。

不久你就会听到机会在敲门，不是敲你的前门，而是叩你的心扉。

父母的爱

〔中〕梁实秋

父母的爱是天地间最伟大的爱。一个孩子，自从呱呱坠地，父母就开始爱他，鞠之育之，不辞劬劳。稍长，令之就学，督之课之，唯恐不逮。及其成人，男有室，女有归，虽云大事已毕，父母之爱固未尝稍杀。父母的爱没有终期，而且无时或弛。父母的爱也没有差别，看着自己的孩子牙牙学语，无论是伶牙俐齿或笨嘴糊腮，都觉得可爱。眉清目秀的可爱，浓眉大眼的也可爱，天真活泼的可爱，调皮捣蛋的也可爱，聪颖的可爱，笨拙的也可爱，像阶前的芝兰玉树固然可爱，癞痢头儿子也未尝不可爱，只要是自己生的。甚至于孩子长大之后，陂行荡检，贻父母忧，父母除了骂他恨他之外还是对他保留一分相当的爱。

父母的爱是天生的，是自然的，如天降甘霖，霈然而莫之能御。是无条件的施与而不望报。父母子女之间的这一笔账是无从算起的。父母的鞠育之恩，子女想报也报不完，正如诗经《蓼莪》所说："父兮生我，母兮鞠我。拊我畜我，长我育我，顾我复我，出入腹我。欲报之德，昊天罔极。"父母之恩像天一般高一般大，如何能报得了！何况岁月不待人，父母也不能长在，像陆放翁的诗句"早岁已兴风木叹，余生永废蓼莪篇"正是人生长恨，千古同嗟！

古圣先贤，无不劝孝。其实孝也是人性的一部分，也是自然的，否则劝亦无大效。父母子女间的相互的情爱都是天生的。不但人类如此，一切有情物莫不皆然。我不大敢信禽兽之中会有枭獍。

父母爱子女，子女不久长大也要变成为父母，也要爱其子女。

所以父母之爱像是连锁一般，代代相续，传继不绝。易云："天地之大德曰生。"维护人类生命之最大的、最原始的、最美妙的、最神秘的力量莫过于父母的爱。让我们来赞颂父母的爱！

工作态度

〔美〕甘　那

一个人如果不自信，事情可能就不会做得很好。

他可能觉得自己能力不够，无法将事情做好。即便毫无事实根据，也很容易这样想。由于不知如何充分运用心智，或者接受他人对自己能力的错误评估，一个孩子可能会认为自己很蠢。而老人可能因岁数关系，觉得自己无法学习新知识。

一个人对自己的能力缺乏信心，就不会真正尽其所能地做事，他会觉得做与否无任何区别。即便他认为自己正尽心做事，也不会怀抱成功所必需的自信，工作起来就不会全力以赴。因此，他极有可能失败，而这又强化了自己无能的想法。

阿德勒，一位著名的精神科医师。他的经历足以说明这一点。

小时候，他的算术不是很好，老师觉得他毫无数学天分，便把情况告诉了他的父母，让他们降低对他的期望值。于是，大人们便想："阿德勒不会算术，那岂不是糟透了吗？"他们对阿德勒能力的错估，使他觉得无论怎么努力也不会有结果，结果，一如所料，他的算术成绩一落千丈。

一天，当其他同学因一道题而一筹莫展时，他说自己知道题目的算法，这招来老师和同学们的一致嘲笑，他生气极了。

阿德勒成功地算出了这道题，这给了他自信。他不再认为自己不会算术，于是决定向他们证明自己的能力。他的恼怒和重新拾回的自信激发他以一种新的精神去学习算术。现在，他凭借兴趣、决心与意志来钻研，算术成绩进步很大。他不仅证实了自己可以攻破算术，也惊讶地发现，别人有的能力，他同样拥有。

此次经历让他体会到：人们的能力往往出乎意料。而之所以失败，往往是因为他们缺乏运用能力的认知，缺少自信，没有决心。而这常常也导致个人能力的缺乏。

伟大的渴望

〔黎巴嫩〕纪伯伦

我坐在我的兄弟高山与我的姐妹大海之间。

我们三个同样寂寞。把我们联结在一起的爱是深沉、强烈而奇异的。它甚至比我的姐妹的深度更深，比我的兄弟的力量更强，比我的疯狂更加奇异。

自从第一道灰白色的曙光使我们能看见对方以来，亿万年的时光已经过去。尽管我们目睹了多少个世界的诞生、成熟和死亡，我们依然充满了渴望和青春。

我们充满了渴望和青春，然而我们却孑然一身，没有伴侣。尽管我们始终半依半抱，永不分离，我们却并不舒适。欲望受到抑制，热情无处发泄，哪里谈得到舒适呢？哪儿将飞来火焰之神，温暖我的心？

深夜，万籁俱寂。我的姐妹在梦中轻声呼唤着无名的火神；我的兄弟高声呼唤着远方冷漠的女神；但是我在梦中呼唤谁的芳名，我却不知。

我坐在我的兄弟高山与我的姐妹大海之间。我们三个同样寂寞。把我们联结在一起的爱是深沉、强烈而奇异的。

用爱来迎接今天

〔美〕奥格·曼迪诺

我要用虔诚的爱来迎接今天。因为，这是一切冒险事业得以成功的最大秘诀。强力可以劈开盾牌，甚至摧毁生命；但只有无形的爱的力量，才能打开人们的心扉。我要让爱成为我最强大的无人可敌的武器。

我该做些什么呢？自此，我将充满爱心地对待一切，使自己重获新生。我爱阳光，它能温暖我的体魄；我爱雨水，它能净化我的心灵；我爱光明，它能照亮我前进的道路；我也爱黑夜，它使我看到星辰。我将迎接快乐，它使我心胸开阔；我将忍受悲伤，它使我灵魂开启；我将接受我应得的报酬；我也将不惧给我以挑战的艰险。

我该说些什么呢？我歌颂敌人，于是他们成为我的朋友；我鼓励朋友，于是我们情同手足。我要常找些理由去赞美别人，而绝不绞尽脑汁寻找借口搬弄是非。愤怒得忍不住要批评人时，咬住舌头；激动得禁不住要赞美别人时，就大声说出口。

鸟儿、风儿、海浪以及世间的万物不都在用它们美妙悦耳的歌声赞美它们的造物主吗？我为什么不用同样的歌声去赞美它的儿女们呢？从此，我要记住这一秘诀，它能改变我的生活。

我该如何行动呢？我要把爱奉献给所有的人，因为每个人都有令人钦佩的优秀品质，虽然有时不易察觉。我要用爱击垮阻碍人们心灵自由沟通的怀疑与仇恨之墙，同时，我要用我的爱在人们之间搭建一座桥梁，使我的爱能自如地进驻他们的灵魂。

我爱野心勃勃的人，因为他们能激励我。我爱失败者，因为他们能教育我。我爱王侯，他们也是凡人。我爱弱者，他们也是天才。

我爱富人，他们更寂寞。我爱贫者，因为贫者甚多。我爱少年，因为他们纯真。我爱长者，因为他们睿智。我爱貌美的人，因为他们有忧郁的眼神。我爱丑陋的人，因为他们有颗平静的心。

我决不随波逐流

〔美〕苏珊娜·布莱特·乔丹

有些人应该生在另一个世纪。我就是一个。

样样可以看出我与时代格格不入：书架上尽是十九世纪的小说；我吃肥肉；我打孩子屁股；我认为人人都该学拉丁文；我坚信做人应该诚实而富责任感，热爱工作，不怕折磨；吃喝玩乐太多了，我认为并不好。

我不会说二十世纪的话。我不要说什么“感情炽烈”、“交换信息”、“联合行动”或“婚姻契约”。我只懂得相爱、聊天、互助和结婚。我要的是真挚的言语或真挚的沉默。

现在没人再安于做老老实实的人了。老老实实就是说，你不必给自己加个好听名衔，你只管叫自己做女佣人，看屋的，倒垃圾的，传教士，天字第一号或者最起码的小人物。谁要那些冠冕堂皇引人注意的称呼呢？我要人人都奋力忘我地做有意义的事。

我要看到的是真实。我渴望看到自然的头发，脸上的皱纹，起茧的手，脏指甲，活泼的眼睛。我要做妈妈的身上有厨房味，做爸爸的有烟斗味，喝有咖啡味的咖啡。草嘛，就得是草，学校是学校，教堂是教堂。

我讨厌自命渊博的学人，不会做事的官僚，爱卖弄数字的专家，半通不通的理论，统计数字，性诊所，教你自己动手的书籍，专重宣传的商品。

我要默想神的恩惠奥妙，尽情欢笑，摈弃故弄玄虚，返璞归真。我要的是真谛，是生活，不是生活方式。

茫茫尘世里，我只喜欢在家。当那些在浮华中打滚的人，对无谓的一切终于厌倦时，也许有人会点个灯，抖抖枕头，拉开床罩，给他们一个静卧的地方。至少但愿如此。

信任自己

〔美〕安迪·鲁尼

我沿着一条穿越旷野的公路，驶近一处有红绿灯的交叉路口。此时，路上只有我一人，但我接近路口时，交通灯变成了红色，于是我刹车停住。我看左右两边，再看后面。什么也没有。没有一辆车子，连车灯的影子也没有。方圆一英里我是唯一一个人，但我却坐在那儿，等待交通灯改变信号。

我开始捉摸为何自己拒绝穿红灯。我不担心被抓，因为很显然周围任何地方不会有警察，穿过去也肯定不会有任何危险。那天晚上很晚，我在路易斯堡同一批人见面后，上床睡觉时已接近午夜，脑子里又出现了我为何在红灯前停车的问题。我想我停车，因为那是我们之间共有的契约的一部分。它不仅仅指法规，它是我们共同达成的协议，我们彼此信任能够遵守此协议：不能穿越红灯。像大多数人一样，社会规范反对的东西，比法律禁止的更能约束我不去干坏事。

我们居然彼此信赖对方会做正确的事，这真难以相信，是不是？但是我们确实这样。信任是我们的第一心理倾向。如果要不信任某人，要怀疑猜忌，我们则不得不另费一番心思。

这实在是一件大好事，因为我们的整个社会结构建筑在互相信任而不是互相怀疑之上。如果我们大部分时间不能彼此信赖，那么，现行的一切就将溃散。

耶利哥的玫瑰

〔俄〕蒲　宁

为了表达对永恒的生命、对死者的复活的信念，在古代的东方，人们将“耶利哥的玫瑰”放入坟墓和棺材。

真奇怪，为什么要把这团像我们的风滚草那样枯萎有刺的干茎，这种唯有在死海以南的沙漠砾石中，在渺无人迹的西奈山麓里才得以发现的坚硬的沙生蘖枝称为“玫瑰”，而且是“耶利哥的玫瑰”。不过，有一个传说告诉人们，这是圣萨瓦亲自取的名字，正是他把那个可怕的“火谷”，把犹太旷野中那个荒凉死寂的隘谷选为修身之地。他把为他所知的世上最美好的比喻来形容这种作为复活象征的沙草。

因为它，这种沙草，确实神奇非凡。当它被旅人拔走，带到远离故地千里之外的地方，它可以躺在那里很多年，干枯，灰黄，毫无生意。然而，只要一浸到水里，它马上会舒展开来，萌发小小的叶片，开出粉红色的花朵。于是，不幸者的心便会得到快乐和安慰：世上没有死亡，曾经有过的、曾经全身心投入的一切决不会毁灭！只要我的心灵、我的爱和记忆还活着，便不会有失落和离别！

当我在脑海中重现那些辉煌的古老国家时，我便是这样安慰自己的；那里曾经留下了我的足迹。在那些美好的日子里，在那些我的生活如日东升、精力十分旺盛、心里充满着希望的日子里，我得以同由上帝注定要做我终身伴侣的人一起，手挽手地进行第一次长途的新婚旅行，这同时也是一次对我们的主耶稣基督的圣地的朝拜。在一片安谧之中，在持续了千百年的沉寂之中，圣地故土呈现在我们的眼前——加利利谷地、犹太的山丘、五大古城旧址上的岩盐和可怕的景象。不过，那时正值春天，在我们走过的道路上，就跟当年拉结在世时那样，处处盛开着白头翁和罂粟花，多么鲜丽娇艳，地上依然有那些百合花在争奇斗妍，空中依然有那些飞鸟在千啭百啼，福音书中的故事正是告诫要像它们那样怡然自得，无忧无虑……

耶利哥的玫瑰。我把我的过去的根茎浸人心田的活水，浸入挚爱、忧愁和柔情的清泉中——于是，我的珍贵的小草再一次、再一次神奇地萌发出新芽。直到有朝一日，一切都不可逆转，心田贫瘠干涸，清泉永远枯竭，那时，它才会埋进遗忘的死灰，我的耶利哥的玫瑰——但愿这一日离我们远而又远。

方寸田园

〔中〕琦　君

一位文友自美归来，与朋友们畅叙离情以后，就悄悄地回到她乡间自己经营的三间小屋中，读书译作，静静地度过农历新年。她可说是真懂得众人皆忙我独闲的诀窍，追求归隐生活的恬静。难怪另一位文友欣羡地说："真希望什么时候也有个田园可归。但又觉得自己仍不够那份淡泊，俗愿尚多，大概没有那种福分。"

玲珑的三间小屋隐藏在碧树果林之中，满眼的绿水青山，满耳的松风鸟语，整天里不必看时钟，散步累了就坐在瓜棚下看书，手倦抛书，就可以睡一大半天，太阳、月亮、星星，轮流与你默默相对，这份隔绝尘寰的幽静，确实令人神往。但若没有朋友共处，会不会感到寂寞呢？且看小屋的主人，住不多久，就匆匆赶回十丈软红的台北市，一到就打电话找朋友再次"畅叙离情"。可见田园的幽静，还是敌不过友情的温馨。古代的隐士，在空谷中闻足音则喜，因为"鸟语"究不及"人语"可以互通情愫。陶渊明先生尽管嚷着"息交绝游"，但他在"乐琴书"之外，仍然要"悦亲戚之情话"。他的理想国桃花源中人，一个个都要设酒杀鸡，款待洞外闯入的陌生人，也关心着洞外的人间岁月。我想那时代如果已有电话，陶先生一定会在北窗高卧、酒醒之时，拨个电话和山寺老僧聊上半天，或是给念一首新作好的长诗，彼此讨论一番。因为"得句锦囊藏不住，四川风雨送人看"的人，怎么离得开朋友呢？

我认为山水使人理智清明，友情使人心灵温厚。名山胜迹，总愿与好友同游；美景良辰，亦望与好友同享。张心斋把朋友分成五类，他说："上元须酌豪友，端午须酌丽友，七夕须酌韵友，中秋须酌淡友，重九须酌逸友。"他固然妙语如珠，亦见得前人有此清闲。而我们如能于百忙之中挤出一点时间，约二三知友小酌，琅琅笑语，畅话平生，其乐并不亚于徜徉于青山绿水之间。辛弃疾不是说："我见君来，顿觉吾庐溪山美哉。"溪山就是好友，好友胜似溪山，想起王安石与苏东坡在政见上是死对头，可是安石罢官退隐金陵以后，东坡去探望他，安石留他同住山间。东坡答诗云："劝我更谋三亩宅，从君已觉十年迟。”依旧是无限文章知己之感。

人到中年以后，心情由绚烂趋于平淡，本来都会倾向山水田园，可是生为一个忙碌的现代人，既无时间寻幽探胜，更不可能遁迹深山，倒不如安之若命地在现实生活中追寻一些那位文友所谓的“俗愿”，亦未始不可以充实一下心灵。否则居魏阙而思江湖，心情反而不能平静。杜甫虽然讴歌“在山泉水清，出山泉水浊”，他自己并不甘心做一个“天寒翠袖薄，日暮倚修竹”的佳人。因为他既有“致君尧舜上，再使风俗淳”的大愿，也有“但愿我与汝，终老不相离”的小愿。人若没有一愿，就没有了热诚，也失去了生活的情趣，恐怕连山水田园之乐，都不能体会了。

说起我们这些人的俗愿，也是非常容易满足的。比如说，逛逛书店，买到自己心爱的书；观摩书画展，领略一下名家笔下的意境；听听音乐会、演讲会，扩展一下胸怀；抽空去买点鲜花或小摆饰给小屋添点生机绿意；甚至研究一下化妆术使自己容光焕发一番；以至学习一下烹调术使全家大快朵颐，这些都不能说是奢侈的俗愿，倒可以说是极淡泊的雅愿，使自己活得健康，活得快乐。同时将健康、快乐与友人共享，如此则虽然身处现代都市之中，也不会感到都市的俗尘，令人生厌了。

最近在一位朋友家中小聚，他小小的客室壁间，挂着不同风格的书画。风雅的主人如数家珍为我们解说画法、笔意。他的书房里更有许多心爱的汉砚、青田石陶器等等，闲来把玩，意兴无穷。最有趣的是书桌边一树枯藤，悬着一个葫芦。书架上一座老树丫杈，嵌着一块圆卵石，他将山中的盎然古意，移置几案之间，真是位懂得如何美化生活的雅人。

如此看来，我们暂时无田园可归时，无妨在方寸灵台之间，自辟一片田园，不但自己能徜徉其间，亦可以此境与朋友共享。那么，纵使“结庐在人境”，也可以“心远地自偏”了。

最美好的时刻

〔美〕格拉迪·贝尔

每个人，在他的一生中都有一段最美好的时刻。

记得我的这一时刻出现在八岁那一年。那是一个春天的夜晚，我突然醒了，睁开眼睛，看见屋子里洒满了月光。四周静悄悄的，一点声音也没有。温暖的空气里充满了梨花和忍冬树丛发出的清香。

我下了床，踮着脚轻轻地走出屋子，随手关上了门。母亲正坐在门廊的石阶上，她抬起头，看见了我，笑了笑，一只手拉我挨着她坐下，另一只手就势把我揽在怀里。整个乡村万籁俱寂，临近的屋子都熄了灯，月光是那么明亮。远处，大约一英里外的那片树林，黑压压地呈现在眼前。那只看门狗在草坪上向我们跑来，舒服地躺在我们脚下，伸展了一下身子把头枕在母亲外衣的下襟。我们就这样待了很久，谁都不作声。

然而，在那片黑压压的树林里却并不那么宁静——野兔子、小松鼠、负鼠和金花鼠，它们都在那儿奔跳、欢笑；还有那田野里，那花园的阴影处，花草树木都在悄悄地生长。

那些红的桃花，白的梨花，很快就会飘散零落，留下的将是初结的果实；那些野李子树也会长出滚圆的、像一盏盏灯笼似的野李子，野李子又酸又甜，都是因为太阳烤炙的，风雨吹打的；还有那青青的瓜藤，绽开着南瓜似的花朵，花朵里满是蜜糖，等待着早晨蜜蜂的来临，但是过不了多久，你看见的将是一条条甜瓜，而不再是这些花朵了。啊！在这无边无际的宁静中，生命——这种神秘的东西，它既摸不着，也听不见。只有大自然那无所不能、温柔可爱的手在抚弄着它，它正在活动着，它在生长，它在壮大。

一个八岁的孩子当然不会想得那么多，也许他还不知道自己正沉浸在这无边无际的宁静中。不过，当他看见一颗星星挂在雪松的树梢上时，他也被迷住了；当他听见一只模仿鸟在月光下婉转啼鸣时，他心里有一种说不出的高兴；当他的手触到母亲的手臂时，他感到自己是那么安全、那么舒坦。

生命在活动，地球在旋转，江河在奔流。这一切对他来说也许是莫名其妙的事情，也许已经使他模糊地意识到：这就是生命，这就是最美好的时刻。

抽　彩

〔美〕菲利浦·凯利

那是二十年前，当时我还是方济各会的一名修士，派驻新泽西州。我的工作对象是一些波多黎各移民。他们跑到美国来打工，为坎贝尔牌罐头摘番茄，为鸟眼牌罐头摘青菜。你吃过的乌饭树浆果多半也是他们摘的。他们很多人携家带口而来，都梦想着有朝一日挣足了钱回波多黎各岛老家盖上一所房子。

那一年是我来这个教区的头一年，可沃尔特·詹森却是最后一年了。他在罐头公司干了四十年，行将退休。过去的二十五年，他一直在工厂做领班。他热爱那些和他一道工作的人们，大家也同样爱戴他。

沃尔特告诉我，当地有一项热闹的传统活动——“回乡之旅”。每年十二月份，本教区的两千个波多黎各家庭都要聚会一次，每家拿出五美元(当时约合一个采摘工一天的工钱)，放到一个罐子里，再用一张纸条写上自家的姓名。然后，大家选出一个人蒙上眼睛，从那些纸条里抽出一张——被抽中的这家就可以用这笔钱回波多黎各岛探亲，快快活活地过上两个星期。

“你来看我们抽彩吧，”沃尔特向我提议，“我会把你介绍给大家。”

时至今日，我还记得那白铁皮屋顶下椽子上飘舞的彩带，仿佛还能闻到意大利面食的香气，听到那动听的乐曲。墙上贴着波多黎各的旅游招贴画，人们围着我和沃尔特，兴奋地指给我看他们的故乡。我不由惊叹，那真是世界上最美的地方！

下午三点的时候，各家的五元钱都凑齐了。但在抽彩之前，主持人叫起沃尔特，当众送给他一块匾，纪念他在这里的辛勤工作，并表达大家的谢意，感谢他多年来给予大家的关怀和友爱。众人热烈鼓掌。随后，人们请我来抽出那个幸运的家庭。

我被蒙上双眼，领到一只大鼓旁。我把手伸进去，抓到一大把纸条，最后只留下一张在手里。

我取下眼罩，大声念道：“沃尔特·詹森！”

欢呼声震耳欲聋。人们簇拥着沃尔特，向他道喜，同他热烈拥抱。

喧闹还在继续。我漫不经心地把手又伸进那只鼓，抓出一把纸条。只见每张纸条都以不同的笔迹写着同一个名字——沃尔特·詹森。

歌　声

〔日〕山本有山

一九二零年十月，一个漆黑的夜晚，在英国斯特兰腊尔西岸的布里斯托尔湾的洋面上，发生了一起船只相撞事件。一艘名叫“洛瓦号”的小汽船跟一艘比它大十多倍的航班船相撞后沉没了，一百零四名搭乘者中有十一名乘务员和十四名旅客下落不明。

艾利森国际保险公司的督察官弗朗哥·马金纳从下沉的船身中被抛了出来，他在黑色的波浪中挣扎着。救生船这会儿为什么还不来？他觉得自己已经气息奄奄了。

渐渐地，附近的呼声、哭喊声低了下来，似乎所有的生命全被浪头吞没，死一般的沉寂在周围扩散开去。就在这令人毛骨悚然的寂静中，突然——完全出人意料，传来了一阵优美的歌声。那是一个女人的声音，歌曲丝毫也没有走调，而且也不带一点儿哆嗦。那歌唱者简直像面对着客厅里众多的来宾在进行表演一样。

马金纳静下心来倾听着，一会儿就听得入了神。

教堂里的赞美诗从没有这么高雅；大音乐家的独唱也从没有这般优美。寒冷、疲劳刹那间不知飞向了何处，他的心境完全复苏了。

他循着歌声，朝那个方向游去。

靠近一看，那儿浮着一根很大的圆木头，可能是汽船下沉的时候漂出来的。几个女人正抱住它，唱歌的人就在其中，她是个很年轻的姑娘。大浪劈头盖脸地打下来，她却仍然镇定自若地唱着。在等待救生船到来的时候，为了让其他妇女不丧失力气，为了使她们不致因寒冷和失神而放开那根圆木头，她用自己的歌声给她们增添着精神和力量。

就像马金纳借助姑娘的歌声游靠过去一样，一艘小艇也以那优美的歌声为导航，终于穿过黑暗驶了过来。于是，马金纳、那唱歌的姑娘和其余的妇女都被救了上来。

第二天，这件事以《马金纳遇难记》为题，在报纸上登载了。遗憾的是，不知道那位姑娘的名字。不过，即使不知道名字，这位姑娘唱的优美的歌曲不是至今还在我们耳畔阵阵回响吗？音乐会上演唱的歌曲，多半当场就消失了，而这首歌，永远也不会消失。

玫瑰树根

〔智利〕加·米斯特拉尔

地下同地上一样，有生命，有一群懂得爱和憎的生物。

那里有黢黑的蠕虫，黑色绳索似的植物根，颤动的亚麻纤维似的地下水的细流。

据说还有别的：身体比晚香玉高不了多少的土地神，满脸胡子，弯腰曲背。

有一天，细流遇到玫瑰树根，说了下面的一番话："树根邻居，像你这么丑的，我从来没见过呢。谁见了你都会说，准是一头猴子把它的长尾巴插在地里，扔下不管，径自走了。看来你想模仿蚯蚓，但是没有学会它优美圆润的动作，只学会了喝我的蓝色汁液。我一碰上你，就被你喝掉一半。丑八怪，你说，你这是干什么？"

卑贱的树根说："不错，细流兄弟，在你眼里我当然没有模样。长期和泥土接触，使我浑身灰褐；过度劳累，使我变了形，正如变形的工人胳臂一样。我也是工人，我替我身体见到阳光的延伸部分干活。我从你那里吸取了汁液，就是输送给她的，让她新鲜娇艳；你离开以后，我就到远处去寻觅维持生命的汁液。细流兄弟，总有一天，你会到太阳照耀的地方。那时候，你去看看我在日光下的部分是多么美丽。"

细流并不相信，但是出于谨慎，没有作声，暗忖道：等着瞧吧。

当他颤动的身躯逐渐长大，到了亮光下时，他干的第一件事就是去寻找树根说的延伸部分。

天啊！他看到了什么呀。

到处是一派明媚的春光，树根扎下去的地方，一株玫瑰把土地装点得分外美丽。

沉甸甸的花朵挂在枝条上，在空气中散发着甜美的芳香和幽雅的魅力。

成渠的流水沉思着流过鲜花盛开的草地："天哪，想不到丑陋的树根竟然延伸出如此的美丽！"

一滴水

〔英〕拉加托斯

这一滴水也许是尼亚加拉瀑布的一部分，也曾经有过显赫的奇迹呢。

也许只是脸盆里的一个肥皂泡，但它却有洗净劳动者污垢的功效。

也许搞到威士忌里去，成为天才家所梦想不到的快乐的对象。

再也许这是一滴圣水，洒在新生婴儿身上，来祝福他的长命。

也许这个一滴水，你把它烧开，是给伯母玛丽喝的茶。茶的味儿非常香，很能赢得她的喜欢。她也许把你的缺点都忘掉了，马上唤她的律师来，正式承认你做她的继承人呢。

这一滴水也许是人脸孔上的汗，所以也许会蕴含有劳动、烦恼甚至痛苦的意思。

也许可能是你爱人嘴唇上表示愉快和舒服的东西。

也许只是天上落下来的一滴雨。

也许是快乐得发狂的一滴泪；不然，就是痛苦得哭出声来的一滴泪。

一滴水而已……麻雀喝了，使它得到片刻的精神安慰。可是一下子，麻雀会忘记了的。

再也许，只是花丛里的一滴小露水，被花的小口吸进去之后，这花便给一个可爱的小姑娘采去了，做了香水，洒在身上，这水就成了她的爱人迷惑地追求她的东西。

你别小看了它。它，一滴水，本身简直就是宇宙的缩影。

受宠若惊

〔美〕汤姆·安德森

在开车前往海滨小舍度假途中，我在心里发了个誓，要在未来的两个星期里努力做一个爱妻子的丈夫和爱孩子的父亲，全心地体贴他们，无条件地爱他们。

这个念头是我在车上听一位评论员的录音时想到的。他先引述了《圣经》上的一段关于丈夫体贴妻子的话，然后说道："爱是一种意志的行为。一个人可以自己决定要不要去爱。"

当真改变了。从我在门口吻了艾芙琳一下、并且说"你穿这件黄色新毛衣可真漂亮"起，便改变了。

"啊，汤姆，你居然注意到了。"她说，神情既惊讶又愉快，也许还有一点迷惑。

长途开车之后，我想坐下来看书，但艾芙琳建议到海滩上去散步。我本想反对，但随即想到，艾芙琳已单独在这里陪了孩子一个星期，而现在她想和我单独在一起。于是，我们便到海滩上去散步，让孩子们自己放风筝。

时间就这样过去了。一连两个星期，我没打过电话到华尔街我任董事长的投资公司；我们到贝壳博物馆去参观了一次，虽然我一向最怕去博物馆，但这回却很感兴趣。整个假期轻松而愉快地一晃就过去了。我又发了一个新誓，要继续体贴她。

但我的这次试验出了一个纰漏，艾芙琳和我至今一提起这件事便不禁失笑。

在海滨小舍的最后一个夜晚，当我们正要上床就寝时，艾芙琳突然神情哀伤地望着我。

"你怎么啦?"我问。

"汤姆，"她说，声调凄惨，"你是否知道了一件我不知道的事?"

"这话怎讲?"

"嗯……几星期前我做过身体检查……医生……他对你说过什么关于我的话没有？汤姆，你待我太好了……我是不是快要死了?"

我一下子就全明白了，随即大笑起来。

"不，亲爱的。"我说着把她抱在怀里，"你并不是快要死了……是我才刚开始活呢!"

冬天，你不要砍树

〔法〕查尔斯·贝多

我九岁那年冬天，爸爸带我到北方阿拉斯的城郊，和爷爷一起过圣诞——在那里爷爷有一个小小的农场。

一天，我在玩耍时发现屋前的几棵无花果树中的一棵已经死了：树皮有的已剥落，枝干也不再呈暗青色，而是完全枯黄了。我稍一碰就“吧嗒”一声折断了一枝。

于是我对爷爷说：“爷爷，那棵树早就死了，把它砍了吧，我们再种一棵。”可是爷爷不答应。他说：“也许它的确是不行了。但是过冬之后可能还会萌芽抽枝的——说不定它正在养精蓄锐呢！记住，孩子，冬天，你不要砍树。”

不出爷爷所料，第二年春天，这棵显然已经死了的无花果树居然真的重新萌生新芽，和其他的树一样感受到了春天的来临，真正死去的只是几根枝丫。到了春天，整棵树看上去跟它的伙伴并没啥差别，都枝繁叶茂，绿荫宜人了。

成年以后，我当了小学教师，在二十多年的教学生涯中也不止一次地遇到类似的情形。那个总是连字母也背不全的口吃者皮埃尔，现在竟成了一位小有名气的律师；而当年那位最淘气、成绩最差的男孩马斯克，后来成了大学的优等生，如今更是一家拥有巨额资产的公司的副总裁了。更值得一提的是我的小儿子布朗。他幼时不幸患了小儿麻痹，几成废人。可是我记住爷爷的话，不放弃对他的希望，也一直鼓励他不要灰心丧气，而今他也成功地读完了大学课程，担任了公共图书馆的一名管理员。要知道，布朗只有左手的三个手指能动弹，提起手来扶一扶鼻梁上的眼镜都十分困难！

回想起来，只要我们不轻易放弃，凡事都有出现转机的可能。在过去的几十年中，我自己也不时遇到过让人沮丧伤怀的事儿，但是爷爷的教诲却时时给我以鼓励，让我看到冬天以后的情景，从而顺利度过一个又一个家庭和事业的危机。

妈妈和房客

〔美〕凯·福布斯

妈妈在窗外贴出“租房启事”，海德先生应租而来。这是我们家第一次出租房屋，所以妈妈忽略了弄清海德先生的背景和人品，也忘了让他预付房费。

“房子我很满意，”海德先生说，“今晚我就送行李来，还有我的书。”

他顺顺当当地住进我家。平时，他好像没有固定的工作时间，常和善地与我家的孩子逗趣。当他走过我妈妈坐着的大厅时，总是礼貌地弯弯腰。

我爸爸也喜欢他。爸爸喜好回忆迁居美国前住过的挪威。海德去过挪威，他能与爸爸起劲地聊在那儿钓鱼的野趣。

只有开客栈的杰妮大婶不欣赏我们的房客。她问：“什么时候他给你们交房租呢？”

“向人要钱总难开口，他会很快付清的。”妈妈答道。

但杰妮大婶只是哼了两声，“这种人我以前见过，”她一本正经地指教道，“别指望借给人一件新外套，回来还是好的。”

妈妈笑笑：“兴许你说得对。”她递上一杯咖啡，止住了杰妮大婶的嘟囔。

雷雨天里，妈妈担心海德的屋子夜里冷，就让爸爸邀请他到暖和的厨房和我们一起坐。我的两个姐姐，哥哥尼尔斯，还有我在灯下做作业，爸爸和海德靠着炉子叼着烟斗，妈妈在洗盘子或是在小桌上静静地工作。

海德能辅导尼尔斯的高中课程，有时还帮他学拉丁文。尼尔斯渐渐对学习产生了兴趣，分数高起来，他再不求爸爸让他停学做工了。当我们作业做完了，妈妈坐在摇椅上拿起针线时，海德就给我们讲他的旅游奇遇。噢，他知道的可真多。那些美妙的历史和地理，便随他走入我们的屋子和生活。

有天晚上，他给我们读狄更斯的书，很快，读书成了我们生活的一部分。我们写好作业，海德就夹一本书来高声朗读，一个神奇的新世界向我们洞开。

妈妈也像我们孩子一样爱听古挪威侠士传奇：“太好听了！”

以后我们的房客还朗读莎士比亚的戏剧。海德悦耳的男低音，听起来像是大演员。

即使在天气暖和的晚上，我家的孩子们也不再出去玩耍。妈妈对此很欣慰。她是不喜欢我们天黑上街的。而最值得高兴的，还是尼尔斯几乎不再搀到街旮旯的孩子堆里。有天晚上，孩子们在街上闯了祸，而尼尔斯正和我们一起听《孤星血泪》的最后一章。

就在我们急于听完一个骑士的传奇时，一封信送到了海德手里，他将信很快读过，放入口袋，我们再不能听完那个故事了。翌晨，他告诉妈妈要离开。

“我得走了，”他说，“我把这些书留给尼尔斯和其他孩子。这里是一张我所欠房租的支票。夫人，对您的好心款待，我深表谢意。”

我们伤感地看着海德先生去了，同时，又为能在厨房继续读书感到兴奋。那么多的书啊！

妈妈精心地清理了书堆：“我们可以从这里学到很多东西。尼尔斯能代替海德先生读书，他也有一副好嗓子。”我看得出来，这使尼尔斯很自豪。

妈妈向杰妮大婶亮出海德的支票：“你看，收回的还是一件好外套。”

几天后，开面包铺的克瑞波先生来我家，糟糕的是他向我们怒气冲天地诉说时，杰妮大婶也在场。

克瑞波喊道：“那个海德是个骗子，瞧他给我的支票，全是假货。银行的人告诉我，他早把款兑光了。”

杰妮大婶得意地点着头，那神态分明是说：“看，我不是提醒过你们了吗？你们不听嘛。”

“我敢打赌，他也欠了你们家许多钱，是不是？”克瑞波不无希望地探问道。

妈妈转过身向着我们，她的眼睛长久地停留在尼尔斯身上，然后走到炉子边，把支票投入炉火。

“不！”他向克瑞波先生回答道，“不，他什么也不欠。”

赤脚的孩子

［保加利亚］斯米尔宁斯基

黄昏了，慢慢地，像是偷走着一般，紫丁香色的阴影落了下来，罩着森林。巨大的日轮在黄金和暗红的血的急流中快烧着了。大路像是死了的灰色的蛇，在静静的田野里躺着。看哪，那些赤脚的来了。三个，四个，六个，拖着装满了木材和枯枝的小车，他们绷紧了他们的年轻的身体上的筋肉，帽檐撕破了的帽子，打着黑色补丁的灰色的裤子，他们的血管——紧张得像船上的桅索一样，额上流着汗。城市又那么远！幼小的奴隶们，在你们的穷苦的羁轭之下，孩子的眼里燃烧着老人的安静的悲哀。城市很远！很远！许多写意的人在你们身边走过，他们的汽车都要在你们的身边开过去，他们一生中从来不曾尝过苦难的杯子——他们，使你们受苦的他们。他们知道什么？在佳姆－戈利雅的大饭店里，音乐队奏着乐；在别墅里，那么舒服，又那么开心！饥饿这黑鬼并不向那里伸手，烦恼也不在那里织着涂胶的网。他们知道什么……

“妈妈，这些孩子为什么拖着车子？”一个在汽车里的小小的写意的人问着。

“已经是冬天了，他们拖木材去。”

“他们不觉得太重吗？”

“不，亲爱的，他们已经习惯了。”

那些赤脚的停下，喘着气，满脸怨恨地望着，又拖起了他们的小车。他们用袖子揩去额上的汗，脏黑的脖子上的血管胀大了，又向前走去。一阵阵的灰土掩盖了他们，像生命一样灰色的、窒息的灰土……在第二辆车子的木材上，坐着一个小小的助手——蓝眼睛的小姑娘。血，暗红的血迹，在她的小脚上凝结了。但是，她只望望天，望望田野，微笑着。你对谁笑，金发的小奴隶？对苦难……对你的雪白的、天真的灵魂，你笑着。你的青春用了温柔的、天鹅绒一样的眼睛望着。可是明天？明天，生命的灰色的急流将会卷去你的青春，也一样卷去你的微笑。而且，拖着小车，这里看到黑暗的苦难，那里看到虚荣和永远的欢乐，你就不再微笑了。阴影要罩上你的天真的脸，润湿的眼睛要露出仇恨，你就跟着你的褴褛的哥哥们，举起你的小小的、黑黑的、握得紧紧的拳头：“两个世界，一个是多余的！”

海燕

〔俄〕高尔基

在苍茫的大海上，狂风卷集着乌云。在乌云和大海之间，海燕像黑色的闪电在高傲地飞翔。

一会儿翅膀碰着海浪，一会儿箭一般地直冲云霄，它叫喊着……就在这鸟儿勇敢的叫喊声里，乌云听到了欢乐。

在这叫喊声里，充满着对暴风雨的渴望！在这叫喊声里，乌云感到了愤怒的力量、热情的火焰和胜利的信心。

海鸥在暴风雨到来之前呻吟着，——呻吟着，它们在大海上面飞蹿，想把自己对暴风雨的恐惧，掩藏到大海深处。

海鸭也呻吟着——这些海鸭呀，享受不了生活的战斗的欢乐，轰隆隆的雷声就把它们吓坏了。

愚笨的企鹅，畏缩地把肥胖的身体躲藏在峭崖底下……只有高傲的海燕，勇敢地、自由自在地，在翻起白沫的大海上面飞翔。

乌云越来越暗，越来越低，向海面直压下来，而波浪一边歌唱，一边冲向空中去迎接那雷声。

雷声轰响。波浪在愤怒的飞沫中呼啸着，跟狂风争鸣。看吧，狂风紧紧抱起一层层巨浪，恶狠狠地扔到峭崖上，把这大块的翡翠摔成晨雾和碎沫。

海燕叫喊着，飞翔着，像黑色的闪电，箭一般地穿过乌云，翅膀掠起波浪的飞沫。

看吧，它飞舞着像个精灵——高傲的、黑色的暴风雨的精灵——它一边大笑，它一边号叫……它笑那些乌云，它因为欢乐而号叫！

这个敏感的精灵，从雷声的震怒里早就听出困乏，它深信乌云遮不住太阳，——是的，遮不住的！

风在狂吼……雷在轰响……

一堆堆的乌云像青色的火焰，在无底的大海上燃烧。大海抓住金箭似的闪电，把它熄灭在自己的深渊里。闪电的影子，像一条条的火舌，在大海里蜿蜒浮动，一晃就消失了。

——暴风雨！暴风雨就要来啦！

这是勇敢的海燕，在闪电中间，在怒吼的大海上高傲地飞翔；这是胜利的预言家在叫喊：

——让暴风雨来得更猛烈些吧！

要活在巨大的希望中

〔日〕池田大作

亚历山大大帝给希腊世界和东方、远东的世界带来了文化的融合，开辟了一直影响到现在的丝绸之路的丰饶世界。据说他投入了全部青春的活力，出发远征波斯之际，曾将他所有的财产分给了臣下。

为了登上征伐波斯的漫长征途，他必须买进种种军需品和粮食等物，为此他需要巨额的资金。尽管如此，他为了斩断一般将士都必然怀有的儿女私情，轻身出发，将所有的王室财产，从珍爱的财宝到他领有的土地，几乎全部都给臣下分配光了。

群臣之一的庇尔狄迦斯，深以为怪，便问亚历山大大帝说："陛下带什么启程呢？"

对此，亚历山大回答说："我只有一个财宝，那就是'希望'。"

据说，庇尔狄迦斯听了这个回答以后说："那么请允许我们也来分享它吧。"于是他谢绝了分配给他的财产，而且臣下中的许多人也仿效了他的做法。

我的恩师，户田城圣创价学会第二代会长，经常向我们青年说："人生不能无希望，所有的人都是生活在希望当中的。假如真的有人是生活在无望的人生当中，那么他只能是失败者。"人很容易遇到些许的失败或障碍，于是悲观失望，消沉下去。或在严酷的现实面前，失掉活下去的勇气；或恨怨他人，结果落得个唉声叹气、牢骚满腹。其实，身处逆境而不丢掉希望的人，肯定会打开一条活路，在内心里也会体会到真正的人生欢乐。

保持"希望"的人生是有力的。失掉"希望"的人生，则通向失败之路。"希望"是人生的力量，在心里一直抱有美"梦"的人是幸福的。也可以说抱有"希望"活下去，是只有人类才被赋予的特权。只有人，才由其自身产生出面向未来的希望之光，才能创造自己的人生。

在走向人生这个征途中，最重要的既不是财产，也不是地位，而是在自己胸中像火焰一般熊熊燃起的一念，即“希望”。因为那种毫不计较得失、为了巨大希望而活下去的人，肯定会生出勇气，不以困难为事，肯定会激发出巨大的激情，开始闪烁出洞察现实的睿智之光。只有睿智之光与时俱增、终生怀有希望的人，才是具有最高信念的人，才会成为人生的胜利者。

我有一个梦想

〔美〕马丁·路德·金

我很高兴今天和你们一起，参加这次将永垂史册的我国历史上为争取自由而举行的最伟大的示威集会。

一百年前，一位伟大的美国人——今天我们就站在他的雕像下——正式签署了《解放宣言》。这项重要法令的颁布，如一座伟大的灯塔，照亮了当时挣扎于不义之火焚烤的数百万黑奴的希望；它像欢快的破晓曙光，结束了黑人陷于囹圄的漫漫长夜。

然而，整整一百年过去了，我们却仍然得面对这个悲惨的现实：黑人依然得不到自由；整整一百年过去了，黑人依然被种族隔离的镣铐和种族歧视的锁链羁绊着，举步维艰；整整一百年过去了，在物质繁荣的汪洋大海之中，黑人却依然独自生存于贫穷的孤岛之上；整整一百年过去了，黑人依然在美国社会的阴暗角落向隅而泣，依然在自己的土地上流离失所。因此，我们今天来到这里，把这种骇人听闻的情况公之于众。

就某种意义而言，我们今天来首都是为了兑现一张支票。我们共和国的缔造者在撰写美国宪法以及独立宣言的壮丽篇章时，就签署了一张本票，并规定每个美国人都有权继承。这张本票承诺，所有的人——不论白人还是黑人——都拥有不可剥夺的生存、自由以及追求幸福的权利。

显然，今天美国拒绝向它的有色公民承兑这张本票。美国拒不履行这项神圣的义务，却退给了黑人同胞一张空头支票，一张标明“现金不足”的空头支票。但是，我们决不相信正义的银行会破产。我们决不相信这个国家装满机遇的巨大宝库居然会出现现金不足的窘况。因此，我们来兑现这张支票——兑现这张承诺一经要求将给我们以宝贵的自由和正义保障的支票。此外，我们来到这个神圣之地，还为了要提醒美国，事情的解决已经迫在眉睫，再没有时间让我们奢言冷静，或拿渐进主义当镇静剂了。现在是实现民主诺言的时候了；现在是走出阴暗荒芜的种族隔离深谷，踏上种族平等的阳光大道的时候了；现在是向上帝所有的孩子打开机遇大门的时候了；现在是把我们的国家从种族不平等的流沙中托起，安放在手足之情铸就的磐石之上的时候了。

低估此事的紧迫性，或者低估黑人的决心，将给这个国家带来不堪设想的后果。自由平等的朗朗秋日不到来，黑人合理愤怒的炙人酷暑就不会过去。一九六三年不是此事的结束，而仅仅是一个开始。如果这个国家依然无动于衷，我行我素，那么，那些曾希望黑人只需发泄怒火就会心平气和的人就会猛醒。黑人一天得不到他的公民权利，美国休想获得片刻安宁；抗争的飓风将继续摇动着国家的基石，直至光明璀璨的正义之日浮现眼前。

但是，我有一些话要告诫站在通向正义殿堂温暖门槛上的同胞们。在争取合法地位的过程中，我们切不可因一步踏错而犯罪；我们切不要因为对自由的干渴，而痛饮仇恨的苦酒。我们应该在斗争中永远表现出崇高的尊严和纪律。我们不能容忍自己富于创造的抗争沦为粗野的暴动。我们应该一次次地把自己提升到用灵魂的力量对抗对手的有形暴力的崇高境界。这场已经席卷了整个黑人社会的非凡斗争，不应该把我们引入不信任所有白人的歧途，因为许多白人兄弟已经看到：我们彼此的命运紧紧相连，我们彼此的自由密不可分——今天，他们来参加我们这个集会就是对此最好的证明。我们不能独自前行。

而一旦开始行动，我们就必须勇往直前，因为我们无路可退。有人问献身于民权运动的人："你们什么时候才能满意？"我们永不满意，只要黑人仍然是不堪形容的警察野蛮暴行的牺牲品；我们永不满意，假如历经跋涉后，我们仍然不能为自己疲倦的身躯在公路上的客栈和城市里的旅馆找到一席之地；我们永不满意，假如黑人的基本活动范围只是从窄小的贫民窟变成一个稍大的黑人居住区；我们永不满意，假如我们的孩子仍然会看到"白人专用"的告示——那些剥夺了他们的人格，践踏了他们自尊的告示；我们永不满意，假如密西西比州的黑人依然不能投票，而纽约的黑人依然认为自己的投票毫无意义。

不，我们并不满意，也永远不可能满意，除非正义如泉奔涌，公正如潮澎湃。我不会忘记，你们中有些人经过重重磨难才能来到这里；有人刚刚从狭小的牢笼里放出；有人来自追求自由却惨遭迫害和警察暴力飓风肆虐的地区。你们是久经磨难的老兵。那么，继续奋斗下去吧，要坚信：总有一天，无辜受难的人们终会得到拯救。回到密西西比去吧，回到阿拉巴马去吧，回到南卡罗来纳去吧，回到佐治亚去吧，回到路易斯安娜去吧，回到我们北方城市中的贫民窟和黑人居住区去吧。要知道，这种处境总是可以而且一定能够改变的。我们切莫再沉湎于绝望的深谷之中。

朋友们，今天我要告诉你们，尽管此刻困难挫折重重，但我仍然有一个梦想。这个梦深深扎根于伟大的美国之梦。

我有一个梦想：总有一天这个国家奋然而起，实现其信条的真谛："我们认为这一真理不言自明，每个人生来就是平等的。"

我有一个梦想：总有一天在佐治亚州的红土山坡上，昔日奴隶的儿子与昔日主人的儿子能够如兄弟手足般同榻而坐。

我有一个梦想：总有一天就算是密西西比这样一个被不公正与种族压迫的热潮所统治着的荒漠之州，也能转变成一方自由和正义的绿洲。

我有一个梦想：总有一天我的四个孩子将生活在一个不是以他们的肤色，而是以他们内在品质来评价他们的国度中。

今天，我有一个梦想。

我有一个梦想：总有一天阿拉巴马州——该州州长今天仍在喋喋不休地说着不同意也不执行联邦法令的话语——能有所不同，黑人的小男孩与小女孩能够和白人的小男孩与小女孩如兄弟姐妹般地携手同行。

今天，我有一个梦想。

我有一个梦想：总有一天我们会填平所有的峡谷，夷平所有的山丘，粗蛮之地将变为坦荡的平原，曲折之路将变为笔直的大道；主的荣光将会显现，芸芸众生同声赞叹。

这是我们的渴望，也是将随我返回南方去的信念。靠着这个信念，我们就能把绝望之山开凿成希望之石。靠着这个信念，我们就能把国家里种族争斗的不和谐之音转谱成一曲兄弟般友爱的动人交响曲。靠着这个信念，我们就能共同工作，共同祈愿，共同战斗，共同昂首入狱，共同维护自由；我们已经知道，总有一天，我们会获得自由。

当这一天到来之时，上帝所有的子民都能以全新的意义高唱：我的祖国，亲爱的自由之邦，我为你歌唱。这是祖先安息的故园，这是朝圣者为之自豪的土地。让自由之声在每一座山峰敲响！

当美国要真正成为伟大的国家，这一切必将成真。

因此，让自由之声在新罕布什尔州的巍峨高峰敲响！

让自由之声在纽约州的雄伟山脉中敲响！

让自由之声在宾夕法尼亚州高耸的阿勒格尼山峰敲响！

让自由之声在科罗拉多州白雪皑皑的洛基山敲响！

让自由之声在加利福尼亚州的柔美群峰敲响！

不，不仅如此，让自由之声在佐治亚州的石山敲响！

让自由之声在田纳西州的远眺山峰敲响！

让自由之声在密西西比州的每一座山冈，每一座丘陵敲响！

让自由之声在每一处山坡敲响！

当我们让自由之声敲响时，当我们让自由之声在每一个山村，每一处村寨，每一个州每一座城敲响时，我们就能让这一天早日降临。到那时，上帝所有的孩子——白人与黑人，犹太人与非犹太人，基督教徒与天主教徒——携手同唱那首古老的黑人圣歌："终于自由了！终于自由了！感谢全能的上帝，我们终于自由了！"

一片树叶

〔日〕东山魁夷

人应当谦虚地看待自然和风景。为此，固然有必要出门旅行，同大自然直接接触，或深入异乡，领略一下当地人们的生活情趣。然而，就是我们住地周围，哪怕是庭院的一木一叶，只要用心观察，有时也能深刻地领略到生命的含义。

我注视着院子里的树木，更准确地说，是在凝望枝头上的一片树叶。而今，它泛着美丽的绿色，在夏日的阳光里闪耀着光辉。我想起当它还是幼芽的时候，我所看到的情景。那是去年初冬，就在这片新叶尚未吐露的地方，吊着一片干枯的黄叶，不久就脱离了枝条飘落到地上。就在原来的枝丫上，你这幼小的坚强的嫩芽，生机勃勃地诞生了。任凭寒风猛吹，任凭大雪纷纷，你默默等待着春天，慢慢地在体内积攒着力量。一日清晨，微雨乍晴，我看到树枝上缀满粒粒珍珠，这是一枚枚新生的幼芽凝聚着雨水闪闪发光。于是我感到百草都在催芽，春天已经临近了。

春天终于来了，万木高高兴兴地吐翠了。然而，散落在地面上的陈叶，早已腐烂化作泥土。你迅速长成一片嫩叶，在初夏的太阳下浮绿泛金。对于柔弱的绿叶来说，初夏，既是生机旺盛的季节，也是最易遭受害虫侵蚀的季节。幸好，你平安地迎来了暑天，而今正同伙伴们织成浓密的青荫，遮蔽着枝头。

我预测着你的未来。到了仲夏，鸣蝉将在你的浓荫下长啸，而一场台风袭过，那喳喳蝉鸣变成了凄切的哀吟，天气也随之凉爽起来。蝉声一断，代之而来的是树根深处秋声的吟唱，这唧唧虫声，确也能为静寂的秋夜增添不少雅趣。你的绿意，不知不觉黯然失色了，终于变成了一片黄叶，在冷雨里垂挂着。夜来秋风敲窗，第二天早晨起来，树枝上已经消失了你的踪影，只看到你所在的那个枝头上冒出了一个嫩芽。等到这个幼芽绽放绿意的时候，你早已零落地下，埋在泥土之中了。

这就是自然，不光是一片绿叶，生活在世界上的万物，都有一个相同的归宿。一叶坠地，绝不是毫无意义的。正是这片片黄叶，换来了整个大树的盎然生机。这一片树叶的诞生和消亡，正标志着生命在四季里的不停转化。同样，一个人的死关系着整个人类的生。死，固然是人人所不欢迎的。但是，只要你珍爱自己的生命，同时也珍爱他人的生命，那么，当你生命渐尽，行将回归大地的时候，你应当感到庆幸。这就是我观察庭院里的一片树叶所得的启示。不，这是那片树叶向我娓娓讲述的生死轮回的真谛。树是天空与大地交织的爱情，让一片树叶向人们讲述这生命的真谛。

劳作的乐趣

〔美〕霍　桑

满山豆苗，穿土而出；或者一排早春的豌豆，新绿初着，远远望去，刚好是一条淡淡的绿线——天下没有比这更迷人的景致了。稍后几个星期，豆花怒放，蜂雀飞来采蜜——天使般的小鸟，竟飞到我的玉液杯琼浆盏里来吸取它们的饮食，我看了心里总是十分快乐。夏季黄瓜的黄花总吸引无数的蜜蜂，它们探身入内，乐而忘返，也使我非常高兴，虽然它们的蜂房在何处我并不知道，它们采得花露所酿成的蜜我也吃不到。我的菜园只是施舍，不求回报，我看见蜜蜂一群一群地吸饱了花露随风下去了，我很乐于布施，因为天下一定有人能吃到它们的蜜。人生的辛酸多矣，天下能多一点蜜糖，总是好事。我的生活也似乎因此甜蜜一点了。

讲起夏季南瓜，它们各种不同的美丽形体，实在值得一谈，它们长得如瓮如瓶，有深有浅，皮有一色无花的，也有起纹如瓦楞的，形体变化无穷，人的双手从来没有塑造过这样的东西，雕刻家到南瓜田去看一看，一定可以学到不少知识。我菜园里的一百个南瓜，至少在我眼里看来，都值得用大理石如实雕刻，永久保存。假如上帝多给我些钱（不过我知道这是不可能的），我一定要定做一套碗碟，材料用金子，或者用顶细洁的瓷土，形状就模仿我亲手种植出来的藤上的南瓜。这种碗碟拿来装蔬菜，更有相得益彰之妙。

我在菜园里辛勤工作，不仅有成熟后收获之乐，也满足了我严格的爱美之感。冬季南瓜虽然长了一根弯脖子，没有夏季南瓜好看，可是看它们从小到大地生长，也自有一种快慰之感。瓜初结时，仅是小团，花的残瓣还依附在外，曾几何时，成了圆圆的大个儿，头部还钻在叶子里不让人见，可是黄黄的大肚子挺了起来，迎接中午时分的太阳。我凝神注视，心里觉得，凭着我的力量居然做了件很有意义的工作：世界上因此增添了新的生命。别看南瓜那么蠢然无知，它们真有它们的生命，你的手可以摸得出来，你的心可以体会得到，你看见了心里就会觉得高兴。白菜也是这样——尤其是早熟的荷兰白菜，它的腰围大得可怕，最后常常连心脏都会炸裂的——我能够参与天地造物之功，栽培出这样大的白菜，心里不由会觉得自豪。可是最大的乐趣还是在最后一盘一盘的蔬菜，热气腾腾地摆在桌上，我们就像希腊神话中的萨腾大神一样，把自己的孩子吃下肚子去了。

实现自我

〔印度〕克利希那穆尔提

为什么会有实现自我的愿望呢？显然，一旦意识到生命没有内容，那么，要去实现、要成为某种东西的愿望就会出现。因为我什么都不是，因为我是不足的、空虚的，精神上是贫乏的，所以，我要为成为某种东西而奋斗；要为实现自我——或外在或内在地按照一种人、一种事物、一种观念——而奋斗。填补空虚就是我们生存的整个过程。因为意识到我们是空虚的，精神是贫乏的，所以我们或是为聚集外在的事物而奋斗，或是为培养精神的财富而奋斗。什么时候对内在的空洞有一种通过行为、通过期望、通过获得、通过成就、通过权利手段的逃避，那么，什么时候就存在着努力。这就是我们的日常生活。我意识到我的不足，我精神上的贫乏，因而我为逃离它或填补它而奋斗。这种逃离、回避或试图去掩盖空洞必然需要奋斗竞争和努力。

那么，一个人如果不做一种逃离的努力，会发生什么呢？一个人如果与孤独、空虚相伴，那么，在接受这种空虚的过程中，一个人将会发现一种具有创造里的状态——在这种状态中不存在任何要靠竞争、努力去做的事情——的到来。只要我们试图回避内在的孤独、空虚，那么，就存在着努力，但是一旦我们审视它，一旦我们毫不回避地接受自我，那么，我们将发现，一种生存状态——在它那里所有的竞争都停息——就会到来。这种生存状态就是创造，而这种创造并不是竞争的产物。

当对那个空虚的和内在不足的自我有两种认识时，当一个人与那种不足以及对那种不足的充分认识相伴为生时，具有创造里的现实、具有创造性的努力就会产生，而只有这种现实和努力才能带来幸福。

因此，正如我们所知，行为其实就是反应，它是一种不间断地使自己成为某种东西的过程，而这一过程是对自我的否定和回避。但是，当意识到空虚而不做选择，不加谴责或不加辩护时，我认识自我的过程中就会有一种行为，而这种行为具有创造力。如果在你行为中意识到你自己，那么，你将认识到这一点。在行动的时候观察你自己，不仅能看到外在的东西，而且能看到你的思想和感情的活动。一旦你意识到这种活动，你就会看到一种思想的过程，它也是感情和行为的过程。一旦有一种不安全感，这种要成为某种东西的观念就会出现，而当一个人意识到内在的空洞时，这种不安全感就会到来。

细　芽

〔俄〕列夫·托尔斯泰

爱就是生命本身。但是这个生命不是没有理智的、充满痛苦的、必将死亡的生命，而是幸福无限的生命。我们所有的人早就知道这一点。爱不是理智的结论，不是某种活动的结果，而是生命的愉快活动本身，它就在我们身边，我们大家从可以回忆起来的童年开始就知道这一点，一直到世界上的虚伪学说搞乱了我们的心灵，夺去了我们体验它的可能性。

爱不是对能增加人的肉体的短暂幸福的东西的偏爱，例如对挑选出来的某些人和事物的爱，而是对人之外的幸福的追求，它在人抛弃了动物性躯体的幸福之后仍留在人的心间。

活着的人中间有谁没有体会过这种幸福的感情呢？至少总会有一次。尤其是在童年，当他的心灵还没有被虚伪淹没的时候。在这种情感中，人想去爱一切人：他的父亲、母亲、兄弟、姐妹、凶恶的人、敌人，甚至狗、马、小草。人只有一个愿望——让所有人生活得好，让所有人幸福。而且他更想亲自去做，让所有人生活得好，而为了让所有人永远生活得幸福愉快，他愿献出自己、自己的生命。这就是爱，也只有这才是爱，人的生命就在于此。

这种包容着生命的爱，出现在人的心灵里，就像一株不显眼的细芽出现在与其相似的一大堆杂草的粗芽一样，人们总是把各种欲望的杂草叫做爱。最初，人们会觉得这个细芽将来可能成为大树，树上将会落满小鸟，同所有的别的芽苗完全一样。人们甚至还会更加偏爱那些长得快的杂草的芽苗，却让生命的唯一细芽枯死。然而更经常地发生的是更坏的情形：人们发现这一片芽苗之中有一棵真正的最有生命力的叫做爱的细芽，他们踩死它，开始培育另外的杂苗，并称杂苗为爱。还有比这更糟的，人们用粗鲁的手拔起这棵真正的细芽，高喊："噢，它在这儿！爱！爱！多么高尚的情感，瞧，它就在这里！"于是人人栽种它，改良它，占有它，揉搓它，以至于细芽还没有长到开花时就死掉了。于是有人说：所有这些都是胡扯、荒诞，都是无聊的伤感。

爱的嫩芽，在刚刚出现时是细小的，是经不起摸碰的，只有长起来的时候，它才强大无比。上面说的那些人所做的一切只能使它遭殃。爱的细芽所需要的只有一样，那就是不要挡住理智的阳光对它的照射，理智的阳光是唯一使它成长的东西。

一道白栅栏

〔美〕马里恩·邦德·韦斯特

当你不愿意发生的事发生，你有两种选择，要么自吞苦果，要么更好地生活。

当我丈夫杰利患脑瘤去世的时候，我很愤怒，生活真是不公平，我恨死一个人孤孤单单地过活了。到我守寡的第三年，我的面部表情老是硬邦邦的，活像个石膏人。

一天，我开车路过镇里繁忙路段时，发现我总是惊叹不已的那栋楼房的四周筑起了一道新栅栏。那栋房子已有一百多年的历史，早褪成白色，前面还有一个大门廊。它原坐落在静谧的马路旁边，后来路拓宽，架起了交通灯，小镇开始像个城市了，然而这栋房子现在几乎没有前院了。

但是以前，这院子总是肮肮脏脏的，现在却总是干干净净的，一簇簇花株从硬质土缝中顽强地挤出来，花儿欢快地展开了笑脸。

我看见一个瘦骨嶙峋、戴着围裙的妇女在修剪花株，她把掉落的花瓣打扫干净，再为花株培上土，最后把长在周围的杂草拔掉。她甚至把外面无数呼啸而过的车辆扔下来的杂物捡起来。

每次路过这栋房子的时候，我都注视着这道栅栏发生的飞快变化。那个老木匠在栅栏上搭了一个高过人头的玫瑰花棚和一个凉亭，然后把栅栏全部漆成雪白雪白的颜色，令这栋房子顿时生辉不少！

一天，我把车停在路边，长时间地认真凝望着那道白栅栏。那个老木匠把它漆得多漂亮呀！熠熠生辉，光彩夺目，在阳光的反射下，炫得我泪花都冒出来了。我眨巴眨巴眼睛，把眼泪挤走，真舍不得离开这儿啊！我熄灭了发动机，径直走过去，抚摸着它。我嗅到未干的油漆散发出的幽幽的清香。

这时，我听到后面有什么动静，原来是那个妇女正用曲柄开动除草机的声音。

“你好!”我叫道，向她挥挥手。

“嗨！亲爱的，你好!”她站直腰，用围裙擦擦手。

“我——我——来看——你的栅栏。真是漂亮极了。”

我们走上后门的阶梯。她把纱门打开，发出吱吱的声音，就像我小时候家里那扇很久没动过的纱门似的。厨房里堆满了晚饭的残羹，都是些新鲜蔬菜。我们踏着一块破旧的亚麻油地毡，穿过木地房间，来到了前门廊。

“很惊讶吧?”她笑着问。

我站在前门廊，啜着冰镇的茶，看着四周那道非常漂亮的白栅栏，心里蓦地升腾起一股喜悦之情。

“这道栅栏不是做给我的，”她淡淡地解答道，“我一个人住在这里，但是因为每天都有许多人路过这里，我想，他们看到一些真正漂亮的东西，一定会很高兴的。人们看着我的栅栏，向我招手，还有一些甚至会停下来，坐在前门廊和我聊上一会儿，就像你这样。”

“这条路加宽后，有这么大的变化，你不在意吗?”

“亲爱的，变化是生活中的一部分，也是个性形成的一部分，当你不愿意的事发生了，你有两种选择，要么自吞苦果，要么更好地生活。”

当我离开时，她大声叫道：“欢迎你随时到来！把大门打开，这看起来更友好。”

我小心翼翼地把门打开，开车走了。我感到内心深处有什么东西，我不知道该怎样称呼它，但我可以想象这是一堵硬硬的砖墙，包围着我愤怒的、毫无希望的心。在它四周，一道整齐的、小小的白栅栏正在筑起。我打算打开这扇门，让它就这样开着，不管是谁，在什么时候，来干什么，都可以进来。

意外的报酬

〔美〕安·弗恩斯

我总以为做白日梦是没有害处的。在刷锅洗碗的时候，我会幻想自己正在接受本年度最佳电影女主角奖；在清洗烧黑了的炸锅时，我忙着准备领奖答辞。我最喜欢的白日梦——只在乘火车时做——我坐在南太平洋斐济群岛我家的凉台上，一面喝鸡尾酒，一面打字，创作一部新的畅销书。

白日梦的妙处在于它很渺茫，却足以自娱，因为在梦与我之间，还安全地隔着一个家、一份职业和三个孩子。可是最近，我意外地得到了一笔相当大的钱，我终于可以有一个投资白日梦的机会了。

关于投资忠告的信件雪片般飞来，弄得我晕头转向。我试着作出一决定：开一家旧书店。

这是大可一试的。孩子们都已长大，我有的是时间、精力和资本。为什么不能买进一家旧书店？要知道，这是我从上初中就开始做的一个梦。

后来我找到一家至少建于五十年前，但依旧美观、舒适的店铺。我犹豫了一会儿，然后就申请租赁。我知道签约之前自己是无法安眠的。

以后的几星期，我忙得一团糟。最后，该做的只剩下把购得的旧书从箱中取出，摆上架子了。

当我的白日梦成为真实的时候，我觉得自己像是一只画眉鸟，巢里养着一只鹧鸪。开幕并不铺张，亲朋好友们都来祝我成功，生意兴旺。

三个月过去了，半年过去了，我还在等待着成功。等待旧书店的盈利——事实上，很多人都以为我疯了，他们从不以为我的旧书店会盈利。

沉浸在梦里度过了美妙的十二个月之后，我的会计终于来劝我：既然入不敷出，为什么不肯把书店早些关用呢？我说再等等，也许会有奇迹出现。

有一天，一位年高的妇女买了一本《玛丽公主的礼品书》，那是第一次世界大战前印行的一部精选的故事诗歌散文集。她告诉我，她在十几岁的时候，父亲曾送过她一本，战乱时丢失了。当她再度拥有这本书时，她把它紧紧贴在胸口。我觉得自己也分享了她对青春岁月美好回忆的喜悦。

一个九岁的男孩在儿童书籍部买了一本五角钱的书。两天后他又来了。他勇敢地对我说："这本书我曾经读过，可否换一本？"我同意了。他第三次记忆失误之后，我们就停止了买卖的手续，索性改为他来借书，然后送还。

若不是我开了这旧书铺，我不会有幸遇见那位美丽而神采飞扬的女演员。她来买戏剧脚本时，常常谈起她生活中的故事，使我为之神往。和她谈话就像得到了一张剧院赠券。还有一位先生，酷嗜诗歌啤酒，在我店里一盘桓就是几小时，用深沉流畅的腔调朗诵雪莱、济慈和田尼逊的作品。

我还喜欢一位女士，她翻阅了一小时，选购了十二本。"但是玛丽，"她的朋友提醒道，“这些书你可以从图书馆中借到。”

“我知道，”玛丽爽快地说，“但是如果我喜欢一本书，我就想自己拥有它。”我懂她的意思，爱书的人都懂。

我投资在一个梦里，尽管这个梦没给我带来任何经济上的收益，但我不后悔。旧书店不能赚钱，但是能结交朋友。还有什么别的投资能获得如此丰富持久的报酬？

拥有这意外的收获我心满意足，因为当我与来这书店的读者、购买者进行心灵间的对话时，得到的欢乐远远超过赚到金钱的得意。

论 美

〔法〕伏尔泰

如果问一只雄癞蛤蟆美是什么，绝对的美是什么？它就会回答说是它的雌癞蛤蟆，因为她的小小的头上有两只凸出的又大又圆的眼睛，有一只又大又平的鼻子，并有黄色的肚皮和褐色的后背。如果问一个来自几内亚的黑人美是什么？他便会说，美就是黑得油亮的皮肤，深陷的眼睛和一个扁平的鼻子。

如果问魔鬼，他会告诉你美就是一对角，四只爪子和一条尾巴。最后，如果去向哲学家们请教，他们的回答将是夸大了的胡言乱语，他们认为美就是某物符合美的原型并在本质上与其是一致的。

我曾经和一个哲学家一起去看一出悲剧。“多么美好！”他说道。“你在这里面发现了什么美好的东西？”我问他。“是因为作者已达到了他的目的。”他说。第二天他吃了一些对他身体有好处的药。它达到了它的目的，我告诉他说，“多么美好的药！”他意识到不能说药是美好的，并意识到在你把美这个词运用到任何事物以前，它一定在你身上引起了敬佩和愉悦的感情。他同意说那悲剧在他身上引起了这两种感情，并说这就是美。

我们一起去了英国。同样那出戏也在那里上演，翻译得一字不差；可它使得所有的观众都打起了哈欠。“呵，呵！”他说，“美的理念对英国人来说和对法国人来说不一样。”良久思索以后，他得出结论：美是很相对的，就如同在日本是正派的事到了罗马就不正派，在巴黎最时髦的东西到了北京就未必是，于是他使自己省却了写一篇有关美的长篇论文的麻烦。

十米白色塔夫绸

[德] 弗里茨·冯·魏特克

凯那年十六岁，很幸运被一家大商店招为学徒，在妇女用料专柜干活。他的手接触过千姿百态的绸料。

女性在凯心中仍是一个谜，她们就像新闻影片中的画面一样，来去匆匆，一晃而过。她们来到商店，用手试试绸料的手感，付款离开。这些对于凯来说，宛如虚幻的梦境一般，只在醒来后的记忆中残存那么一丁点儿。

一有空闲，凯就要望着商店的天窗，从那儿可以看见一方小小的天。一只鸟儿忽地掠过了阴郁的天空，恰在此时，门开了，一位女顾客走了进来。

她来到柜台，凯卷着一捆料子。他问这位女顾客是否要买某种特定的料子。

“对，非常特殊的。”

她的话音是女中音。他打量着这位顾客。她年轻，有一张活泼可爱的面庞，双眼闪烁着久久的、探询式的目光，小嘴像一朵含苞待放、娇艳欲滴的红玫瑰。

“我要一种做裙子的绸子，每走一步它都会发出响声。”

“那您最好买塔夫绸，”富有经验的凯建议道，“我们进了许多五光十色、艳丽多彩的塔夫绸。咦，那颜色要很特别吗?”

“颜色倒无所谓，只要能听到响声就行。”

这可就独出心裁了，然而凯仍很有礼貌地说：“肯定。能发出响声，这正是塔夫绸的特点。”

凯顺着她的示意把一些绸料展开给她看。她放下手套，轻轻抚摸着，还把整幅的料子披在身上比试着，来回走动。

凯把一幅塔夫绸像一件拖地长裙般地放在她身后。

“能听见声音吗?”她问凯。

“嗯，”凯肯定地回答道，“听起来非常清晰。”

她买了十米，付款后就离开了商店。凯目送着她离去。忽然，他感到商店里变得空荡荡的，连天窗的上空也不见鸟儿的踪迹，那一小块天竟是那么空旷了。那些沉默的丝绸包围着他，五光十色却死气沉沉。

“快去追那位女士，”旁边的一位女售货员对凯说，“她把手套忘在这儿了。”

凯抓起那双兽皮手套，赶忙冲上了热闹的大街。那位女顾客带着东西正走在前边。

“对不起，给您的手套。”凯上前彬彬有礼地说。

“您真太好了。”她看见他的面颊因跑步而变得红扑扑的，眼睛在冬日寒风中闪着光。

凯情不自禁地问：“请您告诉我，您为何偏偏要买那种有响声的料子呢？请原谅我的冒昧。”

“这是用来做结婚礼服的。”她答道，“我的未婚夫是一个瞎子，他虽然看不见我穿着这件礼服，但他可以听见。这样他就会知道，我永远在他的身旁。”

街上的人们来来往往，但毫不留意这两个人。

“我不相信，”凯说，“您的未婚夫不可能是瞎子。”

“不。他是在战争中失去了双眼。对这个可爱的世界，他珍藏着美好的回忆，但对我本人他从来没见过。”

“他看中了您，他不会是瞎子。”凯依旧喃喃地重复着。

随后，凯转身急匆匆地走了。

她目送着他远去。在她的双眸中闪烁着她心爱的人永远看不见的亮光，——在这几秒钟，是为这年轻人发出的。那是一个阴冷的冬日，天空灰蒙蒙的。但她却想，当她一步步缓缓地穿过教堂时，他一定能听到婚礼长裙发出的响声。对一位盲人来说，生命之光不就在那的声响之中吗？

众师之师

〔法〕蒙　田

人人都应有自知之明，这一训诫实在十分重要。智慧与光明之神就把这一条箴言刻在自己神庙的门楣上，似乎认为此警语已包含他教导我们的全部道理。柏拉图也说：所谓智慧，无非是实施这一箴言。从色诺芬的著作中，可知苏格拉底也曾一步一步地证明这一点。无论哪一门学问，唯有入其门者才会洞察其中的难点和未知领域，因为要具备一定程度的学识才有可能察觉自己的无知。要去尝试开门才知道我们面前的大门尚未开启。柏拉图的一点精辟见解就是由此而来的：有知的人用不着去求知，因为他们已经是智者；无知的人更不会去求知，因为要求知，首先得知道自己所求的是什么。

因此，在追求自知之明的方面，大家之所以自信不疑，心满意足，自以为精通于此，那是因为：谁也没有真正弄懂什么。正像在色诺芬的书中，苏格拉底对欧迪德姆指出的那样。

我自己没有什么奢望。我觉得这一箴言包含着无限深奥、无比丰富的哲理。我愈学愈感到自己还有许多要学的东西，这也就是我的学习成果。我常常感到自己的不足，我生性谦逊的原因就在于此。

阿里斯塔克说："从前全世界仅有七位智者，而当前要找七个自知无知的人也不容易。"今天我们不是比他更有理由这样说吗？自以为是与固执己见是愚蠢的鲜明标志。

我凭自己的切身经验谴责人类的无知。我认为，认识自己的无知是认识世界的最可靠的方法。那些既已看到自己或别人的虚浮的榜样还不愿意承认自己无知的人，就请他们听听苏格拉底的训诫去认识这一点吧。苏格拉底是众师之师。

人生

〔丹麦〕勃兰兑斯

这里有一座高塔，是所有人必须去攀登的。它至多不过一百来级。这座高塔是中空的。如果一个人一旦到达他的顶端，就会掉下来摔得粉身碎骨。但任何人都很难从那样的高度摔下来。这是每个人的命运：如果他达到注定的某级，阶梯就从他的脚下消失，好像它是陷阱的盖板，而他也就消失了。只是他并不知道那是第二十级或是第六十三级，或是另外的哪一级；他所确实知道的是，阶梯中的某一级肯定会从他的脚下消失。

最初的攀登是容易的，不过很慢。攀登本身没有任何困难，而在每一级从塔上的瞭望孔看见的景致都足够赏心悦目，每一件事物都是新的。无论近处或远处的事物都会使你的目光依恋留恋，而且瞻望前景还有那么多的事物。越往上走，攀登越困难，而且目光已经不大能区别事物，他们看起来似乎都是相同的。每一级上似乎也难以再有任何值得留恋的东西。这时也许应该走得更快一些，或者一次连续登上几级，然而这样是不可能做到的。

通常是一个人登上一级，他的旅伴祝他快乐，因为他还没有摔下去。当他走完十级登上一个新的平台后，对他的祝贺也就更热烈些。每个人都希望他能长久地攀登下去，这希望也就显露出更多的矛盾。这个攀登的人一般是深受感动，但忘记了留在他身后的很少值得自满的东西并且忘记了什么样的灾难正在隐藏在面前。

这样，大多数被称作正常人的一生就这样过去了，从精神上来说，他们是停留在同一个地方。

然而这里还有一个地洞，那些走进去的人都渴望自己挖掘坑道一边深入到地下。而且，还有一些人渴望去探索许多世纪以来前人说挖掘的坑道。年复一年这些人越来越深入地下，走到那些埋葬矿物的地方。他们熟悉那地下的世界，在迷宫的坑道中探索道路，指导或是了解或是参与地下深处的工作，并乐此不疲，甚至忘记了岁月是怎样逝去的。

这就是他们的一生，他们从事向思想深处发掘的劳动和探索，忘记了现实的各种事件。他们为他们所选择的安静的职业而忙碌，经受着岁月带来的损失和忧伤，以及岁月悄悄带走的欢愉。当死神临近的时候，他们会像阿基米德在临死前提出那样的要求："请不要弄乱我画的圆圈。"

在人们眼前，还有一个无穷无尽地延伸开去的广阔领域，像撒旦在高山上像救世主所显示的那些王国。对于那些在一生中永远感到饥渴的人，渴望着征服的人，人生就是这样：专注于获取更多的领地，得到更宽阔的视野，更充分的经验，更多的控制人和事物。军事远征诱惑着他们，而权力就是他们的乐趣。他们永恒的愿望就是使他们能占据男人的头脑和女人的心。他们是不知足的，不可测的，强有力的。他们利用岁月，因而岁月并不使他们厌倦。他们保持着青年的全部特征：爱冒险，爱生活，爱斗争，精力充沛，头脑活跃，无论他们多么年老，到死也是年轻的。就像鲑鱼迎着激流，他们天赋的本性就是迎着岁月的激流。

然而还有这样的一种工场——劳动者在这个工场中自由自在终其一生，他们就在那里工作每天都能得到利益。在不知不觉中他们变老了。的确，对于他们只需不多的知识就够了。然而也许他们做得更好的事情是他们了解最深、见得最多的。在这个工场生活变了形，变得美好，过得舒适。因而那开始工作的人知道他们是否能成为熟练的大师只能依靠自己。一个大师知道经过若干年之后，在钻研和精通技艺上停滞不前是最愚蠢的。他们告诉自己：一种经验（无论那可能是多么痛苦的经验），一个微不足道的观察，一次彻底的调查，忧伤和欢乐，胜利和失败，以及梦想、臆想、幻想，无不以这种或那种方式给他们的工作方式，给他们的工作带来益处。因而随着年事渐长，他们的工作也更加丰富多彩。他们依靠天赋的才能，用冷静的头脑信任自己的才能，相信它会使他们走上正路，因为天赋的才能是属于他们自己的。他们相信在工场中，他们能够做出有益的事情。

他们的工场对他们来说已经够大了。他空间已经足以使他们在其中创造出形象和表达思想。他们是够忙碌的，因而没有时间去观察放在角落里的计时沙漏，沙子总是在那儿向下漏着。当一些亲切的思想给他以馈赠，他是知道的，那像是一只可爱的手在转动沙漏计，从而延缓了它的停止。

成功的秘诀

〔奥地利〕茨威格

大约二十五岁的时候，我在巴黎一面研究，一面写作。那时发表的文学作品，已有不少人赞美；其中有些连我自己也很喜欢。但在我的内心深处，总觉得还可以更加完美一些，虽则自己不能决定短处究竟在什么地方。

在这个时期，一位艺术大师给了我一个极大的教训。这教训初看似乎是无足轻重的小小际遇而已，事实上却是我一生写作生活的转捩点。

有一晚我在魏尔哈仑先生家里，他是比利时的名作家。同座有一位年长的画家，慨叹雕塑艺术的退步。我那时年少气盛，竭力反对他的意见。我说：“以巴黎而论，难道我们就没有一位雕刻家足以与米开朗琪罗媲美吗？难道罗丹先生雕刻的《沉思者》《巴尔扎克》，不是跟用以雕塑他们的大理石一样永传不朽吗？”

我的驳辩说完之后，魏尔哈仑欣然地拍拍我的肩头。“我明天就要去拜访罗丹先生，”他说，“跟我同去。凡像你这样的钦佩他的人，就有权利跟他会会面。”

我满心高兴。但第二天维尔伦把我介绍给那位雕刻大师之后，我一个字也说不出来。他们两位老朋友谈天说地，我觉得自己好像是一个不必要的旁听者。

然而那位大艺术家是十分和善的。我们告别的时候，他转过脸来对我说：“我想你或许要看看我的雕刻作品。可惜都不在这里。但请你星期日到我梅登的乡下住宅来，并且我们可以一同用便饭。”

在罗丹朴素的乡下住宅里，我们坐在一只小桌子周围吃了一餐家常便饭。他慈祥而柔和的顾盼，坦率的神情，立刻使我忘记了局促。

他的雕刻室也很简单，装着高大的窗子。里面有已经完成的雕像，更有许多石膏塑的作为试验的模型——一只膀子，一只手，有的甚至只是一个指头或一个小小关节；桌子堆满种种素描的图形。这地方显示出它的主人一生在不断研究，不断工作。

罗丹套上一件白布外衣，立刻变成一个工人的样子。他在一个雕刻架前立定了。

“这是我最近的作品，”说着他揭去盖在上面的湿布，就露出一个女性的半身像来，神采焕然，那是用泥土塑的。“我觉得这已是完工的了。”

这身体魁梧、肩膀宽阔、一脸灰白胡子的老人后退了一步，侧着头细加端详。“是的，我想没有什么毛病了。”

但审视了一回之后，他忽又喃喃自语道：“只是那肩膀上面，线条仍嫌太硬。对不起……”

他就捡起一柄塑像用的木质小刀来。小刀在柔软的泥土上轻轻拂过，使像身的肌肉产生一种更细腻的光泽。老人的手指活泼起来，眼睛里放着光芒。

“还有这里……这里……”他又修改了几处地方，再退一步，细细观察。又把架子转过背来，喉咙里喃喃地发出奇怪的声音。有时他欣然微笑，有时他眉头紧皱，有时捏了一点泥，加到像身上去，又轻轻抓掉一些。

如此继续了半小时，一小时……他从没有对我说一句话。除了创造他理想中的具象之外，什么都忘记了。似乎天地间只有这工作的存在，就像上帝着手创造世界的第一天那样。

后来，他大功告成似的松了一口气，丢下小刀，把刚才的那块湿布给塑像盖上，那种小心翼翼的神情，宛如一个男人给他情侣披上披肩。然后转身向外，那魁梧的老人恢复了初见时的样子。

他还没走到门口，忽然发现了我，他一惊。直到这时候他才想起了我，刚才的失礼显然使他非常过意不去。“对不起，先生。我简直把你忘记了。但是……”我十分感激地紧紧握住他的手。或许他也感觉到我的情绪，所以微微笑着，举起膀子围住了我的肩头，两人一同走出那房间。

这一天所得的教训，比我在学校里多年的用功还有益处。从此以后，知道一切人类的工作如要完善而有价值，应当是怎样做法的。

一个人可以这样完全忘记时间空间与整个世界，这个认识，使我受到空前绝后的感动。这一小时，使我把握住了一切艺术、一切事业成功的奥秘——聚精会神：集中所有的力量以完成不论大小的一件工作；把我们容易分散、容易旁骛的意志贯注在小小的一点上。

我悟到遗忘一切其他事物，集中意志以求工作完美的这种热忱，就是我过去所缺乏的。除了工作，好像自己都不存在，这是成功的秘诀。我现在知道，舍此以外便无神妙的方法了。

心中的太阳

〔挪威〕史蒂根

我从北极区移居首都奥斯陆已有多年，但对那极地岁月仍然魂牵梦萦。童年时在极地的生活教我甘于寂寞，勿急功近利；教我勤于思索，勿浅尝辄止；教我以自己的心灵而不是仅仅以自己的五官去感受自然，感受生活。

最难忘的是极地的一位盲人。他只身蛰居在海滨的一间小屋里，在常人看来他实在是极其可怜的——唯有一根拐杖可以相依为命，甚至连一条做伴的狗也没有。而他最大的不幸当然是他的失明了。这样他就不能够亲身去体味光阴的变幻和季节的交替。

然而，这恐怕只是人们好心的揣想。说到人与自然的交契，我还不曾发现有哪位明眼人能够超越他的。当极夜将尽，太阳快要在地平线上重新绽开笑脸的日子里，人们都会看到他的身影：信步经过大街旁的人行道，而后径直走上小山，再沿着山脊，在赤杨林中找到一条通往山脊的小路。然后，他找到一处四际一无遮蔽的所在，面向南方凝神而望，浑然忘情于对初阳的等待。个把小时之后，他又会准确地循原路归来。

要是在一场新雪之后，人们就更容易判定他是否到过山上了。因为这位盲人尽管在这个人的生活享受上十分节俭，但他穿的胶皮套鞋总是新的。所以，只要一发现他的套鞋印在雪地上的足迹，人们就完全可以相信：暖人心海的太阳即将来临。

当时，还没有什么人像今天这样侈谈什么“默契”，什么“沟通”。在这位老人的时候，“默契”之说尚未流行，他自然也决非在追求时髦以沽名钓誉——他只是个深深地渴望着能体味那初阳灵趣的人，虽然在他的脑海中那也许只是一抹紫红的闪耀。

这两件事的紧密相连：新雪上波纹的痕迹和太阳的新生，使得这位盲人在一些和他具有同样渴求的人们心目中占据了永生不灭的位置。我们这些人虽然双目炯炯（也许这正是障碍之一），却反而看不透极夜之后的辉煌，而难以摆脱漫长的不安的折磨，全然没有盲人那种沉着坚定的自信之情。

——心里有了这位盲人，在生活的跋涉中，太阳永远是不落的。

圣诞玫瑰

〔美〕戴维·C·凯勒

有时候，生活中小小奇迹会向我们展示出他人身上那些我们熟视无睹的美德。

埃莉小姐喜欢骂这骂那。骂邻居，骂学校，骂送货员，骂鞋匠，骂天气，就连教堂的妇女互助会也不放过。埃莉小姐什么事都骂，什么人都骂，甚至对我也是如此。

事情发生在四十年代。那时，我住在宾夕法尼亚州的一座小城镇里。我是埃莉小姐的报童。

“报纸都弄湿了！还弄卷了！一定用的是廉价油墨——瞧瞧我的手！”

我每天都听到这类骂人的话——即使在那阳光明媚的日子里也不例外。自从我认识了埃莉小姐以后，她就这样每天骂出骂进，整整七年。

可是，她竟然会养花！而且，她养的花开出五彩缤纷的花朵来，煞是好看，招人喜爱，以至于常常为此惹出麻烦。镇上的人们下班开车回家路过时，都会特意减慢车速，仅仅为了能好好看一眼她的花。

她的白色木屋周围开满了鲜花，和埃莉乖戾的个性形成了鲜明的对比。这一方乐土似乎从春到秋都在五彩缤纷、姹紫嫣红的鲜花丛中，沐浴着芳香，欢腾喜悦，起舞蹁跹。

到了冬天，众多的男男女女成群结队——包括一些从城外来的——前拥后挤来到埃莉小姐的家里，观赏她的“圣诞花卉集萃”。

不过，来访者停留的时间很短，因为埃莉小姐脾气不好，爱争爱吵，即使在节日里也是如此。

“把你的靴子抖干净！”

“留点神——别碰！”

“要想养出好花，除了浇水，还要精心照料，你懂吗？”

自打我停止送报的行当以后，和埃莉小姐见面不多。我高中毕业，便离家去上大学。后来，我大学一年级回家过圣诞节时，埃莉小姐竟去世了。

我不想去参加埃莉小姐的遗体告别仪式——因为现在对我来说，她已成为过去的记忆，而且我那晚另有安排。

但是，妈妈坚持让我去。

“你该感激她才是。”妈妈对我说。

我驱车前往科尔曼殡仪馆，路上铺着厚厚一层冰雪。我和其他人一道站在真诚廊上排队等候，可是，最后轮到我瞻仰遗容时，我竟认不出埃莉小姐了。只有她那扭曲拉长的嘴角余纹勾起了我的一丝回忆。

接着，我发现她双手紧攥，不知是谁在她手里放了一枝花——一枝白色的圣诞玫瑰，开得挺艳。埃莉小姐的手指温柔地环扣着花柄。那样子真是美极了。

在留言簿上签到以后，我走到门口去会科尔曼先生，他似乎有点心烦意乱。“喂，科尔曼先生，”我招呼道，“是您专为今晚的遗体告别仪式在埃莉小姐手中放了那枝玫瑰花吗？”

他慢慢悠悠地回答：“不是我，仪式是七点钟开始的。在此之前我检查了房间，那时还没有玫瑰花。后来我才看见，就在仪式刚刚开始的时候。不过，当时还只是花蕾，可现在完全开放了。我不知道花儿是怎么到那儿的！”

殡仪馆里暖烘烘的，噢，不，几乎可以说是有点太热——所以我推测也许是高温促芽开花的。

“不，不，”科尔曼先生摇头说道，“玫瑰花是不会在五分钟以内就绽开的，我知道这一点，因为我也养花，只是我没有埃莉小姐养得那么好罢了。”

我回头望一眼列队成行的吊唁者，惊讶地说道：“啊，科尔曼先生，埃莉小姐永远都是养花能手。”

后来，我听说九点钟仪式结束时，埃莉小姐手中已有四枝艳丽无比的白玫瑰花。

埃莉小姐无所不骂。然而，她却从未骂过自己的鲜花。

爸爸会做

〔美〕苏珊娜

我爸爸年幼时，从来不曾有过一个真正的家。才五岁时他母亲便去世了，而他的父亲也终身没有再娶。他俩随处漂泊，生活无定。爸爸八岁时，他已先后待过三个国家了。也许，正是这游踪无定的生活，使爸爸养成了勤劳实干的习惯。

他的一生，可以说都是在叮叮当当地忙乎着。寄居土耳其时，他才六岁，就把餐桌的桌腿全部对半锯断，以便他能坐得舒服些。为此，他受了惩罚。不过他也由此看到了用自己的双手来解决问题的价值。

十岁时，他来到了纽约的布鲁克林定居。那年他便利用人家丢弃的废旧零件，为自己造了一辆自行车。到了二十岁，他又故伎重演，为自己造了辆帕卡牌汽车！就是他那双粗壮的满是老茧的手，竟把一辆废车整修一新，兜起风来，绝不比富家子弟的车差劲多少。

父亲是个实干家。他可以告诉你锅炉所需的压力，尽管他说不上计算过程；他可以告诉你房子里的积压种管道和配线是否承受得住总消耗，尽管他也画不出施工蓝图来。后来他通过上夜校，终于成了一名工程师。但在此之前，他早已是一名管子工、电工兼机修工了。

多年劳作的成果，足以让父亲感到自豪。而我觉得，最值得他骄傲的应是他亲手为我制作的那些小玩意儿。爸爸是以自己的双手而不是用言语传达了他对我的无限慈爱。

我七岁那年，家里在新泽西州买了一幢白色的复斜屋顶的旧式房子。一买下，母亲就想搬进去，只是爸爸坚持要修整一下供热系统，隔好廊沿，还要在卫生间用瓷砖贴面，装上抽水马桶。

直到那年的圣诞前夕，房子的地上还满是垫布，许多家具也仍然堆在一起。不过妈妈还是决定在新居庆祝节日，并让爸爸和我去采办些装饰品来。

路上，正巧要经过一家玩具店。透过橱窗，我看到了一个奇特无比的木头房子，那是我有生以来从未见过的。整个造型就像是一段朝上翻起的木头，房子的墙上还镂出了椭圆形的小窗，里边挂了印花面窗帘，还制作了精巧无比的阳台。

“哦，爸爸，这多美啊！你说圣诞老人会送我一个吗？”

父亲看了看一百美元的标价——这在当时是十分昂贵的，开玩笑地说：“我想即使是圣诞老人也出不起这价的——不过也许以后会的，亲爱的。”爸爸是希望我一会儿就忘了这事，可我跟父母唠叨了一整天，为这小房子缠个没完。

圣诞节清晨，我一早醒来便往楼下奔，去看我的圣诞礼物。在圣诞树下，我真的找出了不少礼品盒，可是大到足以装下那个玩具房子的盒子却一个也没有。爸爸一定是看出了我失望的神色，他将我抱到膝上，轻轻地说了自己小时候的事，那时他也向他的父亲要过一辆玩具货车，但父亲买不起。

“那你怎么办？”我问。

“我用找来的木块和旧轮子自己做了一辆。”他说，“你知道吗？对我来说，那要比从店里买来的任何玩具车都更加贵重呢。”

“可我不知道怎么来做木头房子呀！”我说。

“爸爸会做。我们可以一起干。”他让我放心。

果然，一过圣诞他就搁下了家里那许多事情，和我忙乎起木头房子来。爸爸先将多合板的脚料锯成许多木条子，把它们固定在木头底板的一个圆圈里，然后教我用砂纸把粗糙的地方磨平。接着，他再把这锯成两半，又装上了铰链。这样，一块木头就成为能开合的房架了。

白天，爸爸要外出工作，回来已累得要命。可晚上一有空他就来忙我的木头房子。他那精工细作的样子，绝不亚于造家里的厨房。而后，他又用深浅不同的棕色条纹装饰外表，还退后几步，看了看玩具房子的整体效果。

之后，他还别出心裁地改进了式样，甚至还用真的混凝土在房子的前面添了小路。

就为这木头房子，父亲陆续花了四个月的辛苦劳动。它实在是一个孩子所能得到的最好的礼物了。多年以后，尽管我也早已不玩玩具了，可还不时地找出它来看看，不仅是为了欣赏，也借以回顾往昔——我眼看着父亲用他的双手将我的梦想一步步变成现实的那段岁月。

待我上了大学，自己有了家以后，就更加体会到自己是多么的依恋着他，不愿意离开他。可是父亲却说："我能够为你提供许多方便，但是不能造就你的生活。我所做的一切只是在帮助你创造自己的天地。"

父亲没给我写过信，也常记不起我的生日和结婚纪念日——甚至有时连我今年几岁也闹不清楚，但在我的生活中无处不洋溢着他对我的爱——无言的父爱。

重修旧好

〔美〕爱德华·齐格勒

与旧友之交淡了下来。本来大家来往密切，却为一桩误会而心存芥蒂，由于自尊心作祟，我始终没有打电话给他。

多年来我目睹过不少友谊褪色——有些出于误会，有些因为志趣各异，还有些是关山阻隔。随着人的逐渐成长，这显然是无可避免的。

常言道：你把旧衣服扔掉，把旧家具丢掉，也与旧朋友疏远。话虽如此，我这段友谊似乎不应该就此不了了之。

有一天我去看另一个老朋友，他是牧师，长期为人解决疑难问题。我们坐在他那间总有上千本藏书的书房里，海阔天空地从小型电脑谈到贝多芬饱受折磨的一生。

最后，我们谈到友谊，谈到今天的友谊看来多么脆弱。

"人与人之间的关系非常奥妙，"他两眼凝视窗外青葱的山岭，"有些历久不衰，有些缘尽而散。"

他指着临近的农场慢慢说道："那里本来是个大谷仓，就在那座红色木框的房子旁边，是一座原本相当大的建筑物的地基。"

"那座建筑物本来很坚固，大概是一八七〇年建造的。但是像这一带的其他地方一样，人们都去了中西部建筑较肥沃的土地，这里就荒芜了。没有人定期整理谷仓。屋顶要修补，雨水沿着屋檐而下，滴进柱和梁内。有一天刮大风，整座谷仓都被吹得颤动起来。开始时嘎嘎作响，像艘旧帆船的船骨似的，然后是一阵爆裂的声音。最后是一声震天的轰隆巨响，刹那间，它变成了一堆废墟。”

“风暴过后，我走下去一看，那些美丽的旧橡木仍然非常结实。我问那里的主人是怎么一回事。他说大概是雨水渗进连接榫头的木钉孔里。木钉腐烂了，就无法把巨梁连起来。”

我们凝视山下。谷仓只剩下原是地窖的洞和围着它的紫丁香花丛。

我的朋友说他不断想着这件事，终于悟出了一个道理：不论你多么坚强，多有成就，仍然要靠你和别人的关系，才能够保持你的重要性。

“要有健全的生命，既能为别人服务，又能发挥你的潜力，”他说，“就要记着，无论多大力量，都要靠与别人互相扶持，才能持久。自行其道只会跨下来。”

“友情是需要照顾的”他又说，“像谷仓的顶一样。想写而没有写的信，想说而没有说的感谢，背弃别人的信任，没有和解的争执这些都像是渗进木钉里的雨水，削弱了木梁之间的联系。”

我的朋友摇摇头，不无深情地说：“这座本来是好好的谷仓，只需花很少功夫就能修好。现在也许永不会重建了。”

黄昏的时候，我准备告辞。

“你不想借用我的电话吗？”他问。

“当然，”我说，“我正想开口。”

我们的知识是有限的

〔意大利〕伽利略

基于长期的经验，我似乎发现，人们在认识事物时处于此种境地：知识愈浅薄的人，愈欲夸夸其谈；相反，学识丰富倒使人在判断某些新事物时，变得甚为优柔寡断。

从前有一人，生在一个人迹罕至的地方，但他天资颖慧，生性好奇。他喂养了许多鸟雀，饶有兴味地欣赏其啁啾，聊以自娱。他极为惊异地发现，那些鸟儿运用巧妙之技，借助呼吸之气，能随心所欲地叫出各种声音，好听极了。

一日晚间，他在家听到附近传来一种声音，十分悠扬，遂臆断为一只小鸟，出去捕之。路上，遇见一位牧童，正在吹着一根木管，同时手指在上面按动着，忽而捂住某些孔眼，忽而放开，使木管发出了那种响声，宛然喈喈鸟语，不过发音方式迥然不同。他惊诧不止，并在好奇心驱使下，送给牧童一头牛犊，换取了那支笛子。

他通过思索意识到：假使牧童未从此地路过，他将永远不会晓得，自然界有两种产生声音和乐音的方法。

他决定离家出走，意欲经历一些其他奇事。

翌日，当他经过一幢茅舍时，听见里面响着一种乐音，为了弄清是支笛子还是只乌鸦，他信步而入。只见一少年，正用拿在右手的一根弓，拉着绷在左手持着的一只木匣子上的几条筋，同时指头在筋上移动着，根本不必吹气，那件乐器就发出了各种悦耳的声音。此时他有多么惊愕，凡是像他一样具有智慧和好奇心的人，都是可想而知的。

他偶然见识了这两种意想不到的产生声音和乐音之新法后，遂开始相信自然界尚会存在其他方法。然而又令他感到十分奇妙的是，当他走进一座圣殿时，为了瞧瞧刚才是谁在奏乐，便往门后看去，发觉音响是在开门之际产生自门枢和铰链。

另外一次，他兴致勃勃地走进一家酒店，以为能看到某人在用弓轻轻触动小提琴的弦，但看见的却是有个人正用一只手指的指尖，敲着一只杯子的杯口，使其发出清脆的响声。

可当他后来观察到，黄蜂、蚊子与苍蝇不是像鸟雀那样，靠气息发出断断续续的啼叫声，而是靠翅膀的快速振动，发出一种不间断的嗡嗡声时。与其说他的好奇心越发强烈了，毋宁说他在如何产生声音的学问方面变得茫昧了，因为他的全部阅历俱不足以使他理解或相信：蟋蟀尽管不会飞，但却能用振翅而非气息发出那般和谐且响亮的声音。

嗣后，当他以为除了上述发声方式之外，几乎已不可能另有它法时，他又知悉了各式各样的风琴、喇叭、笛子和弦乐器，种类繁多，直至那种含在嘴里、以口腔作为共鸣体、以气息作为声音媒介物的奇特方式而吹奏的铁簧片。

这时他以为自己无所不晓了，可他捉到一只蝉后，却又陷入了前所未有的无知和愕然之中：无论堵住蝉口还是按住蝉翅，他都无法减弱蝉那极其尖锐的鸣叫声，而不见蝉颤动躯壳或其他什么部位。他把蝉体翻转过来，看见胸部下方有几片硬而薄的软骨，以为响声发自软骨的振动，便将其折断，欲止住蝉鸣。但是一切终归徒然，乃至他用针刺透了蝉壳，也没有将蝉连同其声音一道窒息。最后，他依然未能断定，那鸣声是否发自轻骨。

从此，他感到自己的知识太贫乏了，问他声音是如何产生的，他坦率地说知道某些方法，但他笃信还会有上百种人所不知的、难以想象的方法。

我还可以试举另外许多例子，来阐释大自然在生成其事物中的丰富性，其方式在感觉与经验尚未向我们启示之时，都是我们无法设想的，即便经验有时仍不足以弥补我们的无能。

故此，倘若我不能准确地断定彗星的形成之因，那么我是应当受到宽宥的，况且我从未声言能够做到这一点，因为我懂得它会以某种不同于我们任何臆度的方式形成。对于握在我们手心的蝉儿，都难以弄明白其鸣声生自何处，因而对于处在遥远天际的彗星，不了解其成因何在，更应予以谅解了。

三言两语话快乐

〔捷克〕斯卡采尔

一个人总得偶然有点什么快乐才行，哪怕是不起眼的一点点快乐也好，要不然就会像总也不换水的鱼缸里的小鱼一样，会死去的。可是在日常生活中到哪儿去找到，而不是偷到些快乐呢？在我们的出生证上没有签合同保证这种快乐，也没法花钱买到它。我妈妈常说，最好是别老等着快乐不请自来，而是去给别人以快乐，为别人得到快乐而奉献。她坚决相信，给别人以快乐的好心必得好报。

几年前我到过中国，在那里我证实了我妈妈的话是对的。在北京的一座百货大楼里我遇到一对年轻的夫妇。丈夫胸前的兜兜里装着一个孩子，还是一个小不点娃娃，瞧他那双往上挑的飞飞眼睛张望着这飞飞世界的样子，真叫人看了高兴，我不禁露出了笑容。后来，我上了街，有个人拽了拽我的后襟。我转身一看，原来是那一对年轻夫妇，他们对我深深地鞠了一躬。那位年轻的爸爸还对我说了些什么，可我没有听懂，我不知所措地也对他们鞠了一躬，他们满意地离我而去。

当我把这件事告诉翻译时，他对我说：这是很平常的事。这对年轻人是来对我表示感谢的，因为他们知道我很喜欢他们的孩子，他们为此而感到非常快乐，我也一样。

为了弄懂妈妈很久以前对我说的话，我竟然得去一趟中国。我感到有点骄傲的是，我还将妈妈的话升华了一步，使别人快乐，这是一件好的事，你若不知不觉地产生了这样的效果，就更美好了。

你有时要是遇上了这种好机会，你几乎整天都会感到快乐，这就足够了。

因小失大

〔美〕富兰克林

那时，我是个七岁的孩子。在一个假日里，同伴们往我口袋里装满了铜板。我立即向儿童玩具店跑去。路上，我瞧见别的孩子手里拿着哨子，哨子吹出的声音把我迷住了。我就把铜板统统掏出来，换了一只哨子。我回到家里，一蹦三跳地吹着哨子跑遍全屋，为此颇为得意，不想妨碍了一家人。我把买哨子所付的钱告诉了兄姐和堂哥堂姐时，他们说，我付了四个哨子的钱，还对我说，多付的钱本来可以买许多好玩的东西。他们取笑我做了蠢事，把我气恼得哭了起来，甚至一想到这件事，我所感到的羞辱，超过了哨子带给我的乐趣。

然而，这件事一直印在我的脑际，后来对我颇有益处，每当别人引诱我去买一些我用不着的东西时，我常常告诫自己“别对哨子花太多的钱”，我把钱省了下来。及至长大成人，来到大千世界，观察人的一举一动，我想，我遇到了许许多多“对哨子付出了太多的钱”的人。有的人渴望得到宫廷的青睐，把时间浪费在宫廷会议上，放弃休息、自由、美德，甚至朋友，我认为，这种人“对他的哨子付出了过高的代价”；有的人争名夺利，时常参与政事，忽视自己的本职工作，最后因此而堕落，我认为，这种人“对他的哨子付出的代价实在太高”。

有的守财奴为了敛财致富，不惜置一切舒适，一切与人为善的快乐、别人对他的尊敬和友谊的欢乐于不顾，我说，“可怜的人啊，你为你的哨子付出了过高的代价”。专事寻欢作乐的人，不努力提高自己的志向或社会地位，忽视健康，只沉溺于眼前的良辰美景，我说，“错了，你这么做适得其反，在自找苦吃；你对你的哨子付出了过高的代价”。有的人热衷于修饰仪表，讲究衣着，欲置备美轮美奂的住宅，精雕细琢的家具和富丽堂皇的马车又力所不能及，结果债台高筑，“哎呀，”我感叹道，“他对他的哨子付出了太高太高的代价”。总而言之，人类一切痛苦之事，大都由于对事情的错误估价，亦即“对他们的哨子付出了过高的代价”因小失大。

时间的价值

〔埃及〕艾　敏

时间的价值正如金钱的价值，二者的价值在于很好地使用它们。死到临头才会舍得花钱的吝啬鬼，实际上是个穷光蛋，他的钱就好像是一堆伪钞。同样的，谁要是不把时间用在增加自己和他人的幸福上，他的岁月年华也是虚假的。

我们生活在有限的时间内，昼夜相寻，运行有序，各不相犯。生命被划分为各有其名称的阶段：少年、青年、中年、老年。每一阶段都有不适于其他阶段的特殊工作，就像耕种庄稼，如果误了节令，便不能在别的时令播种。

因此，时间是有限的，不能将其缩短或加长。时间的价值在于很好地使用它。我们应当爱惜时间，很好地利用它。

从时间获益和爱惜时间的办法只有一个，这就是你在生活中要有一个目标，符合道德要求的目标，而且要把你的时间用在为达到这一目标而进行的奋斗中。

首先，人不能没有一个奋斗目标。那个随便抄起一本书便无目的地去读的人，是多么浪费时间啊！那个没有固定目标，从这条街逛到那条街，从这家店铺逛到那家店铺的人，是多么劳累啊！确定目标可以使时间充裕很多，容易让人在生活中步入正途。这个人在遇到什么问题时，他知道如何选择有助于他的目标的东西，避开不符合他的目标的事物。人们发现，做事最多的人，是时间最宽裕的人。这是因为他们的目标是明确固定的。他们把工作的方向定于达到既定目标上，而不将时间消耗在瞻前顾后、犹豫不决上。他们不让自己成为环境手中随便摆弄的一个球。恰恰相反，他们要创造环境，根据自己的生活目标，去支配环境。

其次，加剧时间浪费的另一个因素是，一个人虽然有某个确定的目标，但他不忠于这个目标。不努力去达到这个目标，不去做符合这个目标的工作。没有目标和对目标不忠，这是两个偷盗时间并把时间的功效抛掉的窃贼。

爱惜时间并不是要我们连续不断地工作，不留一点休息时间。而是要我们好好利用休息和空闲时间，以更胜任工作。假如我们把空闲时间用于怠惰、无聊之事，那我们就不会从中获益，也无助于我们的工作。

如果我们把空闲时间用于有益的游戏、活动和体育锻炼上，那必定会有益于我们的工作，必定会让我们得到能够用来为我们目标服务的力量，这就需要合理的安排和利用。

鸟啼

〔英〕劳伦斯

严寒持续了好几个星期，鸟儿很快地死去了。田间与灌木篱下，横陈着田凫、椋鸟、画眉等数不清的腐鸟的血衣，鸟儿的肉已被隐秘的老饕吃净了。

突然间，一个清晨，变化出现了。风刮到了南方，海上飘来了温暖和慰藉。午后，太阳露出了几星光亮，鸽子开始不间断地缓慢而笨拙地发出咕咕的叫声。这声音显得有些吃力，仿佛还没有从严冬的打击下缓过气来。黄昏时，从河床的蔷薇棘丛中，开始传出野鸟微弱的啼鸣。

当大地还散落着厚厚的一层鸟的尸体的时候，它们怎么会突然歌唱起来？从夜色中浮起的隐约的清越的声音，使人惊讶。当大地仍在束缚中时，那小小的清越之声已经在柔弱的空气中呼唤春天了。它们的啼鸣，虽然含糊，若断若续，却把明快而萌发的声音抛向苍穹。

冬天离去了。一个新的春天的世界。田地间响起斑鸠的叫声。在不能进入的荆棘丛底，每一个夜晚以及每一个早晨，都会闪动出鸟儿的啼鸣。

它从哪儿来呀，那歌声？在这么长的严酷后，鸟儿们怎么会这么快就复生？它活泼，像泉水，从那里，春天慢慢滴落又喷涌而出。新生活在鸟儿们喉中凝成悦耳的声音。它开辟了银色的通道，为着新鲜的春日，一路潺潺而行。

所有的日子里，当大地受窒，受扼，冬天抑制一切时，深埋着的春天的生机一片沉默。他们只等着旧秩序沉重的阻碍退去，在冰消雪化之后，顷刻间现出银光闪烁的王国。在毁灭一切的冬天巨浪之下，蛰伏着的是宝贵的百花吐艳的潜力。有一天，黑色的浪潮精力耗尽，缓缓后移，番红花就会突然间显现，胜利地摇曳。于是我们知道，规律变了，这是一片新的天地，喊出了崭新的生活！生活！

不必再注视那些暴露四野的破碎的鸟尸，也无须再回忆严寒中沉闷的响雷，以及重压在我们身上的酷冷。冬天走开了，不管怎样，我们的心会放出歌声。

即使当我们凝视那些散落遍地、尸身不整的鸟儿腐烂而可怕的景象时，屋外也会飘来一阵阵鸽子的咕咕声，那从灌木丛中发出的微弱的啼鸣。那些破碎不堪的毁灭了的生命，意味着冬天疲倦而残缺不全的队伍的撤退。我们耳中充塞的，是新生的造物清明而生动的号音，那造物从身后追赶上来，我们听到了鸟儿们发出的轻柔而欢快的隆隆鼓声。

世界不能选择。我们用眼睛跟随极端的严冬那沾满血迹的骇人的行列，直到它走过去。春天不能抑制，任何力量都不能使鸟儿悄然，不能阻止大野鸽的沸腾，不能滞留美好世界中丰饶的创造，它们不可阻挡地振作自己，来到我们身边。无论人们情愿与否，月桂树总要飘出花香，绵羊总要站立舞蹈，白屈菜总要遍地闪烁，这就是新的天堂和新的大地。

那些强者将跟随冬天从大地上隐遁。春天来到我们中间，银色的泉流在心底奔涌，这喜悦，我们禁不住。在这一时刻，我们将这喜悦接受了！变化的时节，啼唱起不平凡的颂歌，这是极度的苦难所禁不住的，是无数残损的死亡所禁不住的。

多么漫长的冬天，冰封昨天才裂开。但看上去，我们已把它全然忘记了。它奇怪地远离了，像远去的黑暗。看上去那么不真实，像长夜的梦。新世界的光芒摇曳在心中，跃动在身边。我们知道过去的是冬天，漫长、恐怖。我们知道大地被窒息、被残害。我们知道生命的肉体被撕裂，零落遍地。所有的毁害和撕裂，啊，是的，过去曾经降临在我们身上，曾经团团围住我们。它像高空中的一阵风暴，一阵浓雾，或一阵倾盆大雨。它缠在我们全身，像蝙蝠绕进我们的头发，逼得我们发疯，但它永远不是我们最深处真正的自我。我们就是这样，是银色晶莹的泉流，先前是安静的，此时却跌宕而起，注入盛开的花朵。

生命和死亡全部不相容。死时，生便不存在，皆是死亡，犹如一场势不可挡的洪水。继而，一股新的浪头涌起，便全是生命，便是银色的极乐的源泉。

死亡攫住了我们，一切残断，沉入黑暗。生命复生，我们便变成水溪下微弱但美丽的喷泉，朝向鲜花奔去。当炽烈而可爱的画眉，在荆棘丛中平静地发出它的第一声啼鸣时，怎能把它和那些在树丛外血肉模糊、羽毛纷乱的残骸联系在一起呢？在死亡的王国里，不会有清越的歌声，正如死亡不能美化生的世界。

鸽子，还有斑鸠、画眉……不能停止它们的歌唱。它们全身心地投入了，尽管同伴昨天遭遇了毁灭。它们不能哀伤，不能静默，不能追随死亡。死去的，就让它死去。现在生命鼓舞着、摇荡着到新的天堂，新的昊天，在那里，它们禁不住放声歌唱，似乎从来就这般炽烈。

从鸟儿们的歌声中，听到了这场变迁的第一阵爆发。在心底，泉流在涌动，激励着我们前行。谁能阻挠到来的生命冲动呢？它从陌生的地方来，降临在我们身上，使我们乘上了从天国吹来的清新柔风，就如向死而生无理性迁徙的鸟儿一样。

诗意盎然的黎明

〔法〕科莱特

除了一小块地方，除了那棵银杏（我常常把它鳐鱼形的树叶赠给同学，他们拿去夹在地图册里），整个花园热气逼人，沐浴在略带红、紫的黄灿灿的阳光里。可是我不知道这红色的印象是来自我感情的满足，还是因为我眼花的缘故。金黄的沙砾反射的夏天，穿透我的大草帽的夏天，几乎没有黑夜的夏天……我母亲有感于我对黎明的深情，允许我去迎接它。她按照我的请求，三点半钟叫醒我。我两臂各挽一只篮子，朝河边狭长的沼地走去，去采摘草莓、黑茶藨子和长满须髯的醋栗。

此刻万物仍在混沌的、潮润的、隐隐约约的蓝色中沉睡，我踏着沙砾的小路行走，被自身重量羁绊的烟霞首先浸润我的双腿，然后是我的嘴唇、我的耳朵和全身最敏感的鼻孔……就在这条路上，就在这个时候，我意识到自己的价值，意识到一种不可言喻的幸福，意识到我和早起晨风、第一只鸟儿，以及椭圆形的刚刚出现的太阳之间的默契。

我母亲叫我一声“美人，金宝贝”，然后放我走了；她望着她的作品——她把我当做她的“杰作”——跑开并且在山坡上消失。我当年也许是俊俏的；我母亲的评价和我当时的照片并非总是一致的……我那时之所以显得俊俏，那是因为我风华正茂，因为黎明，因为我碧绿的眼睛，我在晨风中飘拂的金发和我作为被唤醒的孩子同其他尚在酣睡的孩子相比的优越感。

我听见敲头遍弥撒钟就往回走。但在此之前我已经饱餐了野果，已经像独自出猎的猎犬在树林中兜了一个大圈，还品尝了我崇敬的两眼清泉。一股清冽的泉水铮铮淙淙，勃然冒出地面，并在四周形成一个小沙洲。这股泉水刚出世就丧失了勇气，重新钻入地下。另一股泉水几乎不露踪迹，像蛇一样掠过草地，在草地中央隐秘地迂回。唯有一簇簇开花的水仙证实它的存在。头一股泉水有橡树叶的味儿，另一股有铁和风信子茎的味儿。提起这些泉水，我希望我万事皆休的时候嘴里能够充满它们的芳香，并且含着这想象的清冽的泉水离去……

我生命的核心

〔法〕奥古斯特·罗丹

上帝创造天，并不是为了不让我们去看他。科学是块面纱：揭掉面纱，去看吧！去寻找美！

美为野兽而存在，美吸引野兽，美促使他们选择各自的发情期。他们懂得美是信号，是幸福和健康的保障——是会思考并相信思考的人，如今却对野兽始终懂得的事情一无所知。人们造就我们，是为了让我们接受不幸。人们强加给我们的可恶的教育，从我们孩提时代就向我们隐匿掉光明。

人到了能够概述自己的时候，不断体验美妙的事物的时候，是何等的快乐。

大自然一切景象都是美妙的，只要用爱就能洞察他们的奥秘。唯一爱的思想，即热爱大自然是我生命的核心。

环境绝不会压倒精神，也绝不会压倒法规。

审美感是不可或缺的，是不朽的。

在我感到自己的欣赏功能如此活跃时，我深信这一点、这一功能，从来都有。

他会昏昏入睡，也会大梦初醒。

我也不是从来就认识真理的。我对那些向我揭示真理的力量多么由衷地感谢！——今天通过花香肆意的春日，我的回忆簇拥着我把我送回我的过去，我想起漫长而又美妙的学习，他们给了我生活的情趣，并把他们的奥秘都给了我。

我从何处得到这一恩惠？

起初是我从穿过城市的多次远途散步中，发现天。从前我自以为我每天都能见到它，但是，有一天，我才真正看见了它。

以后，是从模型儿、从活人模特儿身上。模特儿对我不言不语，却激发起我的热情，使我变得很有耐心，并使我理解作为众花之花的这朵人类之花的欢欣。

我的赞美之心越来越高涨，越来越博大，我的观察力也变得越来越敏锐了……

对我来说，掌握一门手艺，可以使我向大自然倾诉我的爱，是何等的幸福！啊，这座生命的圣堂！

这便是我在心中采集的蜜。我在永恒的感恩中看到，心的雄辩的使者纷纷飞向上帝，飞向上帝造出的妙人儿。另一些人愿意享受同样的幸福，而且我深知，那些人，眼下，就像所有的世纪，和我一起，崇拜着美。美不会死去。

珍视心中的爱

〔美〕列·巴斯凯利亚

我们在诞生的那一天都收到了一份特别的礼物，它就是世界！那里面装满了作为人所需要的一切，不仅有美好的的东西，也有许多痛苦和眼泪。它既包含着很多魔力很多奇迹，也有很多混乱。然而这正是它的意义所在，这就是生活。当你打开这件礼物，将自己置身于这个世界中的时候，你将永不怀疑生活的价值和意义。

读到这样的一个真实的故事。一次芝加哥机场因大雪漫天，不能准时起飞，一群被困在那里的人已有两天了。有的人一天到晚地叫，我要离开这里，我要去辛辛那堤。然而这群人中间有一位妇女，她挨个走到带孩子的母亲面前说："来，孩子交给我吧，我要搞个幼儿园，给孩子讲有趣的故事，您可以借这个机会喝口水，或是买些东西吃。"

共处一个场所，同被风雪所困。可人们为什么会有两种截然不同的态度呢？答案在于：是否有一个强烈的意识，一个为他人着想，努力使他人生活得更美好的意识。当你这样做了以后，你将会从中得到某种幸福和快乐。

你们在开始一天生活的时候应该提醒自己去爱他人，应该努力去发现世间美好的事物。那么，从外界的反映中，你将发现一个可爱的自我。假如在你即将离开人世的时候，身边没有一个人紧紧握着你的手，这说明你在一生中未曾伸出友爱之手去帮助他人。

有什么可做的呢？看看你的周围吧！在你身旁就有一个孤独的人需要得到爱的温暖，还有个态度不好的售货员，需要引导和鼓励，这些不都是可以去做的吗？这些虽然不是什么惊天动地之举，可是做与不做大不一样，如果真正把爱的这个巨大能源释放出来，我们可以把这整个城市托在手中！你相信吗？

生活本身不是一个目标，而只是你走向某个目标的过程。目标的实现要靠一步一步地走，如果每一步都迈得扎实而有意义，这就意味着生活。而且，你将不会在告别人生时为自己从来没有真正生活过而叹息。

从现在做起吧！这个时刻不是空白的，它是一旦消失就不再复返，我们大多数人在对过去的追悔中度过一生。今天，仍有千百万人在重蹈这个覆辙。

如果给爱下一个定义的话，唯一能够概括其全部含义的字就是生活，你一旦失去了爱，也就失去了生活，请加倍珍视自己的爱吧！

两片树叶的故事

［波兰］艾萨克·巴希维斯·辛格

这个森林很大，而且密密麻麻地长满了各种带叶的树木。通常，每年这时天气都很寒冷，甚至会偶然下雪，可是，今年十一月却相当暖和。如果不是整个森林都满布落叶，你还会以为这是夏天。落叶有的黄得像番红花，有的红得像葡萄酒，有的呈现金黄色，有的则是斑驳的杂色。这些树叶曾经受到风吹雨打，有些在白天脱落，有些在夜间掉下，如今已在森林地面形成了一张很厚的地毯。它们虽然浆液已干，但还散发出一种可人的芬芳。阳光透过活的树枝照射着落叶，经历过秋季暴风雨而居然还留存下来的蠕虫蝇蚋在叶上爬行。落叶下面的空隙，为蟋蟀、田鼠以及其他许多在地下寻求庇护的动物提供了藏身之所。

在一颗已失去所有其他叶子的树上，顶端的一根小树枝还挂着两片叶子：欧里和楚珐。欧里和楚珐自己也不知道是何原因，竟然能逃过历次风雨和寒夜。其实有谁知道为什么一片叶子会落下而另一片留存？不过欧里和楚珐相信，答案在于他们彼此深深相爱。欧里的身形稍微比楚珐大，也年长几天，可是楚珐较为美丽，较为细致。在风吹雨打或冰雹初降时，一片叶子帮不了另一片叶子什么大忙。不过，欧里总是一有机会就鼓励楚珐。每逢遇到雷电交加，狂风不仅吹落树叶，遇到甚至把整条树枝也扯断的最猛烈的暴风雨时，欧里就恳切地对楚珐叮嘱：“坚持下去，楚珐！全力坚持下去！”

在寒冷的暴风雨之夜，楚珐有时会埋怨说：“我的大限已到，欧里，你坚持下去吧！”

“为什么？”欧里问，“没有你，我的生命是没有意义的。如果你掉下去的话，我也会跟着你掉。”

“不，欧里，不要这样做！一片叶子只要能维持不坠，就不可放手。”

“那就要看你是否跟我在一起了，”欧里回答，“白天，我对着你看和欣赏你的美。夜晚，我闻到你的芳香。要我做树上的孤独叶子吗？不，绝不行！”

“欧里，你的话虽然很甜，可不是事实，”楚珐说，“你明知我已不像从前那样美丽了。看，我有多少皱纹，我已变得多么干瘪！我只留下一样东西——我对你的爱。”

“那还不够吗？在我们所有的力量当中，爱是至高至美的，”欧里说，“只要我们相亲相爱，我们就会留在这里，没有什么风雨雷暴能够摧毁我们。我可以告诉你一件事，楚珐——我爱你从来没有像现在爱得这样深。”

“为什么，欧里？为什么？我已经全身都变黄了啊。”

“谁说绿色美而黄色不美？所有颜色都是同样漂亮的。”就在欧里说这些话的时候，楚珐这几个月来一直担心的事发生了——一阵风吹过来，把欧里从树枝上扯去。楚珐开始震颤摆动，好像也快要被风吹走似的，可是，她仍紧紧地抓着不放。她看见欧里坠下时在空中摆荡，于是用叶子的语言喊他：“欧里！回来！欧里！欧里！”

但是她的话还没有说完，欧里便消失不见了，他已和地面上的其他叶子混在一起，留下楚珐孤零零地挂在树上。

只要白天仍然持续，楚珐还可以设法忍受她的悲伤。但一到苍穹渐黑，天气变冷，而细雨亦开始降下时，她就陷于万念俱灰。不知怎么的，她觉得树叶的一切不幸都该归咎于树的本身，归咎于那拥有无数强劲分支的树干。树叶会落下，但树干却巍然屹立，牢固地扎根于泥土中，任何风雨冰雹都不能把它推倒。一片叶子的遭遇，对一棵很可能永远活下去的树来说，算得了什么，在楚珐看来，树干就是一种神明。它用叶子遮盖着自己几个月，然后把叶子撇掉。它用自己的浆液滋养叶子，高兴滋养多久就多久，然后就让它们干渴而死，楚珐哀求大树把欧里还给她，求它再度回复夏日情景，可是大树不理会她的恳求。

楚珐没想到一个夜晚会像今夕这样漫长，这样黑暗，这样寒冷。她向欧里说话，希望得到回答，可是欧里无声无息，也没有露出存在的迹象。

楚珐对树说：“既然你已把欧里从我身边夺走，那就把我也拿走吧。”

可是即使她苦苦恳求，树也不加理会。

过了一阵，楚珐打了个瞌睡。这不是酣眠，而是奇怪的慵倦。醒来后，楚珐惊讶地发觉自己已不再挂在树上。原来在她睡着时，狂风已把她吹了下来。这和日出时她在树上醒来的感觉大不相同，她的一切恐惧与烦恼均已消除。而且，这次睡醒还带来了一种她从未有过的体会。她现在知道，她已不再只是一片任由风吹雨打的叶子，而是宇宙的一部分。楚珐透过某种神秘力量，明白了她的分子、原子、质子和电子所造成的奇迹——明白了她代表的巨大力量和她身为其中一部分的天意安排。

欧里躺在她的身旁，彼此以前所不知的爱互相致意。这不是由机缘巧合或一时冲动所决定的爱，而是与宇宙同样伟大和永恒的爱。他们在四月与十一月之间日夜害怕会发生的，结果不是死亡，而是拯救。轻风吹来，把欧里和楚珐吹上空中，他们在翱翔时的那种幸福快乐，只有获得解放而与宇宙混为一体的生物才能体会得到。

我曾得到过的最好忠告

〔美〕亚瑟·戈登

有一次，当我面临作出一项包含相当冒险成分的决定时，我去找了一位年长的、智慧的朋友。我闷闷不乐地说，“假如我能肯定自己可以顺利干好的话，我十分愿意做，但……”

朋友默默地看了我一会儿，接着在一张纸上草草写了十个字。那是很简单的一句话，也是我所得到过的最好的忠告：大胆些，强大力量会帮你。

我后来发现，朋友所写的话，是引自巴什·金的《战胜恐惧》一书。它使我清楚地看到：我过去做过的大多数事情没有成功，不是由于我尽了力而失败，通常是因为我让对失败的恐惧阻止了自己的努力。恐惧是所有情绪中最令人精神涣散的，它使肌肉僵硬，使意志消沉。

另一方面，每当我陷入困境，为一丝勇气所驱使，为急于摆脱被动局面的情绪所驱使，我总是能竭尽全力，扭转局面。大胆些——这并不是劝你毫不在乎或有勇无谋。大胆意味着慎重的决定，每时每刻将自己所能完成的目标定得高些。所谓强大力量也并没有什么神奇之处，它正是我们自身所具有的潜力：精力、技能、正确的判断、创造性的设想，就是体力和耐力也远远超出人们自身所能认识的程度。

简而言之，大胆些可以使机体作出应急反应。我曾听一位著名登山运动员说过，一个登山者偶尔会使自己陷入欲下不能的境地，这样一来他只能向上攀登了。他补充说，有时他就有意识地让自己落入这样的境地，“当除了向上别无他路时，你会爬得很起劲。”

这一原则无疑也适用于日常事务，如接受公众委员会主席的职位或寻求一份责任更大的工作。无论哪一种情形，你都得尽责。你的自尊、竞争本能和义务感都会帮助你去做的。

显然，那些特殊的强大力量是精神力量。但它们比体力更为重要。杀死菲利士巨人的是一颗飞石的离心力，但首先使大卫面对巨人的则是勇气。

最令人好奇的是，精神力量在物质世界里也常有其对应的位置。我大学的一位同学是个足球好手。虽然他的体重远低于其他运动员的体重，但他还是以其凶猛封杀而闻名。有人对他不会负伤表示惊奇时，他说："哦，这得追溯到我孩提时代的一个发现。在一次足球比赛中，我面对对方后卫，他看起来是如此庞大！我吓得闭上眼睛，就像一颗匆忙射出的子弹那样，把自己用力地掷向了他，而且真的阻挡了他！就在这时，我开始懂得：你封杀一名魁梧的选手越凶，你似乎就越不会受伤。道理很简单，动量等于重量乘以速度，因此，如果你足够大胆，勇于冲撞，那么即使运动定理也会来帮你忙的。"

这种无所畏惧，力达自身最高境界品质，不是一夜之间可以造就的。信心是日积月累起来的。当然，在开拓人生的每一过程中，都将有挫折与失望相伴随，光凭勇气也并不能完全确保成功，但尽力而为后失败了的人总比那些不去努力坐等成功的人要好得多。

自信和大胆的决断往往是商业界领袖们的优秀品质，我曾为之工作过的最成功的一位经理是一个几乎能在瞬间作出决定的人。"至少，"他常常歪歪嘴说，"我能迅速地出错。"有次别人问他是否相信"三思而后行"的格言时，他答道，"不，那个公理的麻烦之处在于，如果你考虑得太久或太多，你就永远也行动不了。"

有人声称，人们对安定舒适生活的过分依赖，是人们抓住机会的障碍，积极创造起因于人自身对物质享受匮乏而做出本能反应。

上述观点我不敢苟同，我相信人们会致力于寻找新的、更多的、充满挑战的世界去征服。当我还是个小男孩时，一位先生参观我们班级后说了几句话。我已经记不清他是谁了，但我永远不会忘记他所说的话："热爱生活，要多感谢它。别靠胆小躲避它的挑战来显示你的感激，而要尽力超越一点你所能的范围去生活，这样你就会发现，你的能力远比你梦想的要强得多。"

德行的嫁妆

〔英〕大卫·休谟

当一个人反省内心，发现那些最骚乱的激情都已经变为正确、和谐，发现各种刺耳的杂音都已经从迷人的音乐中消失，那该是何等的欣慰！假如说沉思是如此可爱，即使就其单调的美而言；假如说它夺人心魄，即使它最美好的形式对我们并不适应。那么，道德美的效果又将如何？

当它装饰我们的心灵，成为我们反思和努力的结果之时，它又将具有怎样的影响？

德行的酬劳在哪里？我们常常为它付出生命和幸福的代价，大自然又为这种重大的牺牲提供了什么作为报答？哦，大地之子啊，难道你们不知道这位圣洁女王的尊贵吗？当你们目睹她迷人的风姿和纯正的光辉时，莫非还真的想要一份嫁妆吗？不过我们要知道，大自然对人类的弱点一向是宽容谅解的。她从来不会让她宠幸的孩子一无所获，她为德行提供了最丰富的嫁妆，然而她小心提防，免得让利益的诱惑引起那些求爱者的兴趣，而这些求爱者对如此神圣超绝的美的朴素价值其实是漠不关心的。

大自然非常聪明，她所提供的嫁妆只有在那些热爱德性、心向往之的人们眼中才具有吸引力。荣誉就是德行的嫁妆，就是正当辛劳的甘美报酬，就是加于廉洁无私的爱国者那思虑深重的头上或是胜利的男士那饱经风霜的头上的胜利桂冠。

有德之士靠着这种无比崇高的奖赏的提携，蔑视一切享乐的诱惑和一切危险的恐吓。当他想到死亡只能支配他的一部分时，就连死亡本身也失去了它的恐怖。不论是死亡还是时间，不论是自然力量的强大还是人事浮沉的无定，他确信在人群中他会享有不朽的声名。

一定有一个支配宇宙的存在者，他用无限的智慧和力量，使互不调和的因素纳入正义的秩序和比例。且让那些好思辩的人们去争论吧，去争论这位仁慈的存在者究竟把他的关注扩展到多远的地方，去争论他为了给德性以正确的酬劳并让德性获得全胜，是否让我们在死后还继续存在。有德之士无需对这些暧昧的问题做任何抉择，他满意于万物的最高主宰向他指明的那些嫁妆。他无比感激地收下为他备下的进一步的酬赏。然而如果遭受了挫折，他并不认为美德就只是徒具虚名。相反，他正是把美德视为自己的报答，他欣喜地感受造物主的宽宏大量，因为是造物主让他得以生存，并赋予他这样的机会，从而学会了一种极为宝贵的自制。

美腿与丑腿

〔美〕本杰明·富兰克林

这世上有两种人，他们拥有着同样的健康，财富以及其他生活上的享受，但是，一种人快乐，另一种人却烦恼。这很大程度上来源于他们对事物观点的不同，比如对人和对事，因此产生了快乐和烦恼的分歧。

人无论处于什么境地，总会遇到“幸”与“不幸”。不管在什么场合，接触到的人和进行的交流，总有让他开心或烦心的；无论在什么样的餐桌前吃饭，酒肉总有对味和不对味的，餐具也有精致的和粗糙的：无论在什么气候下，他们总能遭遇好天气和坏天气；无论哪个政府统治，法律条文总有好坏之分：再伟大的诗句或著作中，总能挑出精彩的和平庸的：差不多每一个人的脸上，都有美丽和难看的地方，每一个人，也总有优点和缺点。

在这种情况下，上面所说的两种人注重的东西刚好相反。快乐的人，总是看着事物的长处：交谈中愉悦的部分，食物的精致，酒的美味，美好的天气等等，并且满心欢喜地享受这一切。那些不快乐的人，却站在对立的一面，因此他们总是对自己不满意，他们说的话在社交场合很扫兴，即得罪了别人，也让自己闷闷不乐。如果这种性格与生俱来，那么真值得同情，可是如果是盲目模仿别人，不知不觉成了习惯的，那么他们应该深信不疑这种恶习将对他们幸福的人生产生怎样的影响，即使这种恶习已经很顽固，也还是可以根除的。我希望这点忠告可以给他们一点帮助，改变这不好的习惯。或许这习惯主要作用于心理上，但是却能给生活造成恶劣的影响，带来一些现实的悲伤与不幸。因为总是得罪别人，大家都不喜欢他，顶多演示一些不必要的礼节，甚至连最起码的尊重都不会给他，这会使他们的生活缺乏情趣，而且会引起各种矛盾和争执。如果他们想增加财富，没有人会祝福他们好运，没有人愿意为他们出谋划策。如果他们招致公众的责难和羞辱，也没有人出来为他们辩护或谅解，有的人甚至夸大其词地攻击他们，使他们变得更讨厌。如果这种人不改变这些坏习惯，对那些人们认为美好的食物不屑一顾，一天到晚怨天尤人，那么大家还是少和他接触好，因为这种人很难相处，而且当你卷进他们的争吵，你会有更大的麻烦。

我有一个哲学家朋友经历过很多人情世故，按照他的阅历，行为谨慎，尽量避免和这种人打交道。和其他哲学家一样，他也有一个显示气温的温度计和一个预报天气好坏的气压计，但世上没有人发明一种仪器可以预测人的这种坏习惯，因此，他就利用自己的两条腿来测验。他的一条腿长得很好看，另一条腿因为意外事故而成了畸形。如果陌生人初见他时，对他的丑腿比他的美腿更专注，那么他就不会有所怀疑。如果那个人只谈论那条丑腿，而不注意他的好腿，那我的好朋友就会很快决定不再与他深交。不是每个人都有这样一双腿作为测量仪器，但只要稍加留意，每个人都能看出点那种挑三拣四的人的劣迹，从而避免和这种人交往。所以，我奉劝那些爱挑剔，爱发牢骚，整天愁眉苦脸的人，如果想受到尊敬并且想自己找乐子的人，总不要盯着别人的丑看。

美塑造高贵的心灵

〔美〕奥里森·马登

美是一种神圣的品性，生活在美的氛围中也就等于是生活在神圣的氛围中。我们越是能够在各处发现美，越是在自然界、在生活中、在成人和孩子身上、在工作和休闲中、在外部世界和内心世界感知美，我们就越是接近上帝，接近完美。

让我们脱离喧嚣嘈杂的尘世生活，回归百合与玫瑰，回归原野，回归所有令我们沉醉的美好事物吧！在夜空中闪烁的每一颗星星，每一朵含苞欲放的鲜花，在吸引着我们流连忘返的同时，也启示着我们去追寻其产生的源泉，指引着我们去寻找美的足迹和美的真谛。

对美的热爱在塑造一种均衡而协调的人生中起着极其重要的作用。事实上，我们很少意识到高尚的人物和美好的事物对我们产生的巨大影响。我们经常接触到它们，已经习以为常，不可能太多地对其加以关注。但是，每一幅精美的图画，每一次壮丽的日落，每一幅优美的风景，每一张漂亮的面孔，每一朵灿烂的鲜花——无论是在任何地方见到的任何一种形式的美——都在无形中使得我们的个性更加高贵、更加文雅、更加出众。

如果我们继续把生命中的全部活力和精力都运用到追逐金钱的事业上，而让我们的审美能力处于沉睡状态，我们就不可能指望过上一种健全的、和谐的生活。

如果我们把全部的努力都贯注在追求那些实用的东西，而放任美在我们的生活中扮演无足轻重的角色，假如我们对上帝精心创作的美的画卷是如此不屑一顾，难道这不是一种遗憾、耻辱，甚至是犯罪？

世上没有哪种投资能够给我们这样的回报，唯有优雅的文化素养本身，唯有对真、善、美的感知，唯有那些在世俗的追名逐利者身上荡然无存或湮灭无闻的高贵品质，才能做到这样。

世上没有任何事情比训练我们身上最高尚、最纯真、最美丽的品质更值得我们去做了，因为它的意义是如此深远，借助它，我们可以在任何地方发现美，并从任何事物中提炼美。

世上没有任何东西能够像美一样滋润那些饥渴的心灵，它能够使我们变得更淳朴、更和悦、更有智慧，也更恬静。心湖是一片澄明，万物的影子皆清晰地倒映其上。

掌握自己的生命

〔美〕威廉·詹姆斯

伊索寓言有一则讲的是，父子二人赶驴到市集去，途中听人说：“看看那两个傻瓜——他们本可以舒舒服服地骑驴，却自己走路。”老头子觉得这主意不错，便和儿子骑驴而行。不久，又遇见一些人。其中一个人说：“看看那两个懒骨头，把可怜的驴背都快要压坏了，没有人会买它。”老头子和儿子商量一下，便决定用另一种方式前进。近黄昏时，两人来到市镇附近一座桥，累得直喘气。他们绑着驴的四足，倒挂在扁担上抬着走！过桥时愤怒的驴子挣脱束缚，坠落河中淹死了。

这则流传已两千五百年之久的寓言，提醒我们每代的人，都必须学会有主见，掌握自己的生命。伊索寓言告诫我们：“你无法讨好每一个人”，这是不变的真理。

怎样才有自知之明？不要一开始就坐下来批评自己。不要担心你比别人好或坏，而要设法了解自己到底是怎样的人。

以下几个问题是用来帮助你的。坦白找出答案，即使显露出来的形象令你不快，也不要失望。

你认为生命中什么东西最重要？什么事物令你兴奋？上一次真令你激动的事发生在什么时候？以前五、六次又在何时发生？这些答案是令你了解自我的有力线索。假如你回答说很少感到兴奋，便要仔细想想了。

你怎样消闲？有没有真感兴趣的嗜好？有的话，你也许找到揭露自己秘密的线索。可是你本来有空就睡觉、遐想或看电视，而现在却在阅读可能改变你生命的文章，那就是个很好的现象。消极地沉迷幻想，可能表示你真正喜欢做的人主要是存在你的幻想中。

你对工作时间有什么感想？你喜欢工作或学校生活的哪一部分？你得到什么满足？无论做什么事，能不能找出其中的兴趣和意义，可以衡量出你的创作力和适应力。要是你能只为了把一桩工作，哪怕不是你喜欢做的工作，做得好而高兴，那你就已经有了幸福和成功的基础。

另一方面，如果你总是不喜欢为了生活而非做不可的事情，你就造成了双重负担。我们经常有棘手或沉闷的事不能不办。要是你只想到自己的憎恶，那你便失去了设法使工作做起来更容易更迅速而且更有趣的机会。

你能够面对现实吗？我们知道世人多半是凡夫俗子。圣人犹如凤毛麟角，这是少数聊以自慰的事实之一。你一直告诉自己的事也许有些不是真的，你可能犯了错误，这一点你可以接受吗？面对现实，并不是把生命中的错误和误解加以强调或夸大，而是不论好坏都要接受。

你愿意改变吗？画家会偶尔退后几步而欣赏他的作品，看看怎样使它更有深度。有创造力的人同样地会不时“退后几步”，检讨自己，看看有什么地方可能要改进。显然有些方面是遗传的，改变不了。但你不必把自己看作预先包装好的制成品。你在人生旅途中会不断得到新见识，使你进一步认识自己。事实上，完全依照自己认为适当的方式去改变自己，即使不是你的义务，也是你的权利。

你能听到自己的心声吗？像许多人一样，你也许认为只有从别处听到或读到的东西才是最重要的，而听从自己的主意无疑是放纵自己。假如你这样想，就是在欺骗自己。你自己的思想和意念，可以引导你一生中最重要的时刻。

如果你坚强地面对一些令你困扰的情绪，例如忧虑和沮丧，便能使这些情绪缓和，而能够控制。事实上，忧虑可能是一种信号，告诉你会有新挑战或新机会。

例如，一个四十岁的男子坦白地告诉朋友说，他一直希望做医生，可是怕自己年纪太大："四年后，我就四十四岁了。"

"即使你不去读医科，"朋友答得很中肯，"四年后你也是四十四岁啊。"

最后是句鼓励的话。你一旦能跟自己相处，一旦能认识自己，掌握自己，就会开始看到以前从不知道的机会和潜力，你就会有勇气运用自己从来不知道的力量和创造力。歌德在一首诗中，把这个意思表达得很美：

无论你会做什么，或幻想你会做什么，立刻做吧。

勇气含有天才、力量和魔力。

现在就开始做吧。

每一天的决战

〔日〕池田大作

人生如梦，而生命是永恒的。转瞬即逝的生命比所有的财宝都珍贵。将如此宝贵短促的生命无所事事地轻抛是可耻的。

对人类来说，没有比为使命而活着更可贵的了，同时也没有比不知为何生存更空虚的了。彷徨的人只不过在别人眼中是自由的，对不得不彷徨的人来说，他没有了生存的根基，打发着一个个充满不安和内心空虚的苦恼日子。没有使命感的人生犹如彷徨的人生。

即使在今世看来比较理想的人生观，若站在上一级宇宙的高度来考察，就会产生疑问：它是正确的人生观吗？这就成为一个极其艰深的问题。必有一个宇宙至高的，或者说代表生命本源的法则，所谓命运，不就是人们从法则那儿得到的报应吗？

人生生命中有一个像最大公约数一样的共同基础，那是生命的支柱，在这个基础上，人们的才能、天分得到发挥。若失去了做人的最本质的基础，再杰出的才能也会枯竭，甚至会耗尽生存的力量，不得不走向衰亡。人类生命中这种必备因素是与生俱来的，熟知人的本质基础之后，才能去寻找充分发挥个性的合适场所。

既然是人就要竭尽全力生存。把这一条当做焦点来观察一个人，就会发现，外表的不同都是枝节。去掉人生价值，这是唯一的基准。

人生就是建设，一旦建设停止，人生就失败了。对自己眼下能做的事必须点燃你的热情，对眼下能做的事情不付出全力的人，是没有资格谈未来的。首先得稳稳地站住脚跟，才能进行下一个大飞跃。

想想看，一天只有二十四小时，利用交通工具，跑得再快，也不能改变这一点。这样说来，不管在哪里，不管怎样做，只有自己的“存在”才是确实的。怎样充实这个自我呢？这就看你怎样充实每一天，甚至是否能使自己的生活丰富多彩，是否能在社会上拥有主动权，关键也在于每一天的充实。有利的环境本身是单调的，如果你设法利用这些有利因素，使自己的人生变得充实起来，这种脑力劳动本身就是丰富多彩的。

人们每一天都在决战，昨天的成功，并不能保证今天的胜利，昨天的挫折不一定就导致今天的失败，每一瞬间的实干才是重要的。所有的实干加在一起，它的本质就是你的机会和才能，这才是你一生的总决算。

航船

〔乌拉圭〕何·恩·罗多

看，大海的寂寥。一道无法穿越的线封锁着它，这道线与整个苍穹连在一起，只在海滩处留下空隙。一艘船，意志高昂，带着隆隆的轰鸣驶离了海岸。西斜的大阳，温和的云朵，阵阵海风催人远行。

船在前进，在空中留下黑色的烟尘，在海上留下白色的浪花，前进，行驶在平静的波涛上。它驶到海天交接处，穿越那道界线，只剩下高高的桅杆依稀可见。这最后的迹象也终于消失了！那无法穿越的线又变得神秘莫测！谁能否认它的存在呢？

它就在那里，那是实实在在的分界，那是深渊的边沿。然而它的后面仍是茫茫沧海，浩瀚无垠。大海越来越深，越来越广。在它的另一端，是将它与别的海面隔开的陆地，太阳为它们涂上了不同的色调，那里生活着不同的种族。神奇、宽广的土地，高尚、完美的世界，或者已被开拓，或者荒无人烟。

在这浩瀚之中有些船舶起锚的码头。它们或许在那里停靠，然后便在无限宽广的天地中各奔前程，而且一去不复返，如同那条已经通过的大海的界线一样：虚无缥缈，一切都在那里消失……

总有一天，注视那同一条神秘的线，你会看到一缕袅袅升起的青烟，一面旗帜，一根桅杆，一个似曾相识的船体——这是那返航的船只！它回来了，犹如一匹忠于牧场的骏马。它或许比离去时更加可怜，体重减轻了；或许被肆虐的波涛伤害了。然而它也可能平安无恙并满载珍贵的收获凯旋。在它强劲脊背上的褡裢中也许带来了热带的奉献：醉人的香料，甜蜜的柑橘，像太阳般闪光的宝石或者柔软的、光彩夺目的毛皮。作为运去的货物的代价，它或许带来了心地更加淳朴、意志更加顽强、臂膀更加粗壮的人们。

光荣和幸福属于航船！如果它来自勤奋之邦，或许运来了制作好的铁器，用来武装劳动的双手，要么它运来的也许是织好的毛线或者贵重金属制成的、用来装点世界的完美的饰物；或者是一块块青铜和大理石，人类的艺术因为它们注入了生命的气息，或者是一沓沓纸张，通过微小铅字的痕迹，引来具有思想的人民。光荣和幸福属于航船！

请你稍加注意，一个思想，你将它排除，或者它自行消失，你再也望不见它；天长日久，它又在你心灵的明媚的阳光下出现，然而已经变成和谐、成熟的意念，变成了能以整个辩证法的力量和炽热的激情来展开的说服力。

你曾阅读过一本令人深思的书，你又置身于人群和事物的纷纭混乱之中，你想起了那本书的内容与思想。随着时间的推移，你终于明白，尽管是无意地、不假思索地翻阅，那本书也在你的心灵中发挥作用。以致你整个的精神生活都受它的制约并按照它的要求而改变。

你在体验一种感觉。它对你来说是匆匆过客，其他的感觉要抹掉它的余味和记忆，宛如一个海浪冲去前面的海浪留在海滩上的痕迹。总有一天你会感到一种巨大而又令人折服的激情从你的心灵中溢出，你会意识到那一连串的内心活动来自那被遗忘的感觉。正是这内心的活动将这个感觉变成你自身的全部力量所遵从和依傍的中心，如同茂盛的藤蔓顺从地缠绕在一条柔软的绳索周围一样。

这一切事物部恰似航船：起程，消失，然后又满载而归。